MERCADOTECNIA GLOBAL EN UN MUNDO SIN FRONTERAS

MERCADOTECNIA GLOBAL
EN UN MUNDO SIN FRONTERAS

Juan Manuel Rodríguez Caamaño
Adolfo Alberto Laborde Carranco
Ignacio González Sánchez

大 E-dae

MERCADOTECNIA GLOBAL
EN UN MUNDO SIN FRONTERAS

MERCADOTECNIA GLOBAL
EN UN MUNDO SIN FRONTERAS

Juan Manuel Rodríguez Caamaño
Adolfo Alberto Laborde Carranco
Ignacio González Sánchez

 大 E-dae

DR © 2016   Juan Manuel Rodríguez Caamaño
            Adolfo Albertro Laborde Carranco
            Ignacio González Sánchez

Las características de la presente edición son propiedad de:

DR © 2015   Editorial E-dae, S.A. de C.V.
            Calle Ángel Vehuel, Mz. 2, lote 4
            Col. Claustros de San Miguel
            Cuautitlán Izcalli
            C.P. 54719, Estado de México.

            Primera edición 2015

ISBN e-book: 978-607-96073-8-8

Juan Manuel Rodríguez Caamaño nació en la ciudad de Coatzacoalcos, Veracruz, México, el 4 de junio de 1976.

Es licenciado en Mercadotecnia por el Instituto Tecnológico y de Estudios Superiores de Monterrey, Campus Monterrey.

Maestro en Administración por la Universidad Nacional Autónoma de México.

Doctor en Ciencias de la Educación por la Universidad de la Habana.

Profesor investigador de la Universidad de Sotavento.

Rector fundador de la Universidad Istmo Americana.

Ha publicado cinco libros académicos del área de mercadotecnia y administración, tres en coautoría:

• *Auditoría Administrativa,* editorial Grupo Gasca sicco, México, 2008.

• *Lobbying y cabildeo: un enfoque social para el marketing y comunicación organizacional,* editorial Grupo Gasca sicco, 2008.

• *Educación Física: métodos para el trabajo con el adulto mayor,* editorial Grupo Gasca sicco, 2013.

- *Cómo revertir la deserción universitaria,* Amazon, 2015.

- *Cómo hacer marketing,* Amazon, 2015.

Ha publicado una novela titulada *Psicoaffaire: del amor y la muerte, su paso breve.*

Sobre el autor:

Adolfo Alberto Laborde Carranco estudió sus doctorados en Cooperación Internacional en la Universidad de Kobe, Japón y en Ciencias Sociales, orientación en Relaciones Internacionales en la Facultad de Ciencias Políticas y Sociales (FCPyS) de la Universidad Nacional Autónoma de México (UNAM).

Es miembro del Sistema Nacional de Investigadores (SNI) del Consejo Nacional para la Ciencia y la Tecnología, México (CONACYT), Nivel 1, desde el año de 2009. Sus líneas de investigación son Relaciones Internacionales, Migración Internacional, Japón, Asia Pacífico y Negocios en el mundo.

Cuenta con 11 libros sobre temas internacionales, así como numerosos artículos en revistas académicas especializadas y periódicos-revistas de circulación nacional e internacional.

Participa regularmente en calidad de comentarista experto en asuntos internacionales en programas televisivos como: TV Azteca; Primero Noticias, Canal 2 de Televisa; Foro TV, Es la Hora de Opinar del canal 4 de Televisa, Efecto TV; Noticieros de CNN en México y Estados Unidos Canal 11; Agencia de Noticias Notimex; Vértice Internacional; Televisión Educativa y programas especiales del Canal del Congreso; Televisión de China; Televisión de Francia; Noticiero del Canal de Cable KW; Telesur de Venezuela; Caracol, Colombia; Televisión Rusa, y Televisión Iraní.

También se desempeña como analista internacional en los programas de radio en las estaciones: W Radio, Antena Radio del IMER, Enfoque, Detrás de la Noticia, Radio Fórmula, Noticias MVS, Formato 21, Radio 13, Radio Red, Radio UNAM, Imagen, MVS, Imagen Radio, Radio Educación, Radio Pública Argentina; Radio Miami, Estados Unidos; Radio Francia Internacional, entre otros.

En el terreno profesional, fue funcionario de la Embajada de Japón en México; Director Ejecutivo de la Federación de Hidalguenses en el Medio Oeste, Estados Unidos, y ejecutivo de las multinacionales Herramientas Truper y Sojitz.

Igualmente, fungió como asesor del grupo parlamentario de PRI en la Comisión de Población, Frontereas y Asuntos Migratorios de la 60 legislatura, así como asesor en materia migratoria de la Confederación Nacional de Organizaciones Populares (CNOP). Es miembro de Consejo Mexicano de Asuntos Internacionales (Comexi) y de la junta Directiva de la Asociación Mexicana de Estudios Internacionales (AMEI). También fue director de la Revista *Foereign Policy* (FP), edición mexicana, así como director de las licenciaturas en Negocios Internacionales y Relaciones Internacionales del Tec de Monterrey, Campus Santa Fe.

Ha sido profesor visitante-investigador en el Instituto Ideaz, Austria (2013); en la Universidad Central de Chile (2014); en la Universidad DePaul, Chicago, Estados Unidos (2015), y en la Universidad de Illinois en Chicago, Estados Unidos (2015), así como en el Instituto de Política Económica Internacional (KIEP, por sus siglas en inglés) de Corea (2015).

Recientemente fue galardonado junto con el Mexican Cultural Centre de Reino Unido con el Premio Nacional de Comunicación, José Pages Llergo, 2015.

En la actualidad es profesor-investigador de la Escuela Nacional de Educación, Humanidades y Ciencias Sociales del ITESM.

Más sobe Adolfo Laborde:

http://adolfolaborde.wix.com/adolfo-laborde-c

Facebook: Adolfo Laborde, Internacionalista

Twitter: @adolfolaborde71

Sobre el autor:

Ignacio González Sánchez es licenciado en Administración con especialidad en la Pequeña y Mediana Empresa de la Universidad Autónoma Metropolitana (1987). Maestro en Administración con especialidad en Finanzas (1993). Doctor en Administración de la FCA-UNAM (2003). Candidato a Doctor en Filosofía Empresarial en la Western Pacific University.

Diplomado en Finanzas Públicas en la Universidad Ibero Americana y en Comercio Exterior de Bancomext.

Conferencista, asesor y tutor de tesis de posgrado de varias instituciones de educación superior: IPN, UNAM, UAC, UAT, UMAN, UVM, UIA, USO, ANFECA, IMEF, UCSJ, UV, UAEM, UAS, IBFR, UNACH.

Ha coordinado y publicado siete libros de temas sobre administración y colabora en medios masivos escritos y electrónicos como: CNN-*Expansión, El Universal, Finanzas,* Revista *Pyme Adminístrate Hoy.*

Inspector de control de calidad en DELHER (1976); colaboró en la UAM en cargos administrativos y jefe del departamento de Presupuestos (1977-1991).

Profesor y director de la carrera de Administración en el ITESM-CEM (1987-1997), Gerente corporativo de RH en la paraestatal Productora e Importadora de Papel, S.A (1997-1999), y director académico en la UNITEC (1999-2000).

Miembro del CONACYT-SNI (2010-2012), y Certificado en ANFECA.

Es miembro de un grupo de investigación en la Universidad Autónoma de Coahuila FECA-TORREON y titular de la cátedra "Planeación Estratégica y Financiera" en el posgrado de la FCA-UNAM (1995-2015).

Colabora como consultor en el certamen de las Mejores Empresas Mexicanas, MEM y Consultor en el programa CEDEM-ITESM.

Es profesor-consultor en el ITESM-CSF y Consejero del ITESM para Ceneval-EGEL-Administración.

Más sobre Ignacio González

http://informateccsf.wix.com/ignaciogonzalezs

ÍNDICE

Introducción

La mercadotecnia es una actividad que se ha convertido en un factor estratégico para los negocios, se asume como un "factor estratégico" porque integra el conjunto de acciones que garantizan que el producto o servicio que una empresa ofrece al mercado sea de las preferencias de los consumidores, lo que genera competitividad.

En el contenido de este libro se comentan tres aristas diferentes para estudiar y aplicar conceptos y estrategias en el mercado local e internacional. En el primer capítulo el doctor Rodríguez Caamaño describe con detalle los conceptos más importantes que se utilizan en la actividad de los profesionales dedicados a la mercadotecnia, lo que permite al lector comprender el papel de la mercadotecnia con un enfoque diferente, con lenguaje claro y sencillo, pero no por eso deja de ser profundo. El doctor Rodríguez ofrece al lector la comprensión de términos, conceptos y enfoques en un plano realista. El autor señala la congruencia de nuevas propuestas que sirven de apoyo a profesores y alumnos para analizar e intercambiar las aplicaciones de una de las actividades más apasionantes en el medio empresarial y académico. La inquietud académica le ha llevado a seguir investigando sobre el tema y este apartado es la columna vertebral del contenido de este libro, que seguro sergirá siendo trabajado por el doctor Rodríguez Caamaño.

En el segundo capítulo el doctor Laborde Carranco "tiene como objetivo describir los modelos de cooperación internacional que se han dado en el marco de la inteligencia, sin que estos pongan en riesgo o vulnerabilidad a las partes (Estados) cooperantes". De esta manera, el supuesto de investigación radica en la idea de que "existen campos de cooperación internacional (nivel intraestatal y/o nivel interestatal) en materia de inteligencia, como la información financiera y anticorrupción, entre otros temas que no vulneran la soberanía nacional o que no ponen en riesgo el interés nacional de los Estados (cooperantes) en cuestión, más aún cuando en la actualidad, la dinámica de las relaciones internacionales y los problemas derivados de ella, obligan a los gobiernos a generar cooperación o intercambio de información como parte integral de una estrategia común ante problemas compartidos."

En el tercer capítulo el doctor González Sánchez comenta la importancia de elevar a nivel estratégico la actividad de los mercadólogos, cita las estrategias que considera más relevantes y menciona ejemplos que son de utilidad para quienes abordamos el tema de la mercadotecnia en las instituciones educativas. El doctor González señala la importancia de la logística internacional que poco se hace cargo de asuntos mercadológicos y propone de manera general el análisis del ciclo de vida en tres dimensiones: producto, empresa y mercado, haciendo énfasis que la innovación depende de la etapa del ciclo de vida de estas tres dimensiones.

Por último, es pertinente comentar que los tres autores han reunido sus ideas para ofrecer al lector tres caminos para encontrar puntos de coincidencia en un ambiente académico que se crea y se recrea en las instituciones educativas y que es de utilidad para los profesionales de la mercadotecnia.

Dr. Juan Manuel Rodríguez García
Universidad de Sotavento
Rector

CAPÍTULO 1
Cómo hacer *marketing*

Juan Manuel Rodríguez Caamaño
jmrc@us.edu.mx

Introducción

La mayoría de los expertos en *marketing* son académicos que han investigado y llevan muchos años impartiendo la gran mayoría de los conocimientos que se refieren en este capítulo. La diferencia es que te garantizamos que si usas todo lo expuesto en este capítulo tendrás éxito en todas las áreas donde lo apliques.

¿Por qué razón?, porque en mi caso personal siempre que lo he hecho me ha funcionado y he obtenido resultados brillantes.

¿Cuáles?

1. Me gradué, gracias a Dios, el 4 de junio de 1999. Ese día cumplía 23 años. No trabajaba. No tenía novia y ningún logro importante en mi corta vida. Algo poco comprensible para alguien que conoce de *marketing* y que sabe del arte de vender. Fue entonces que decidí trabajar en la empresa familiar, una institución privada de educación superior denominada Universidad de Sotavento. Todo funcionaba muy bien cuando llegué a dirigir el área de *marketing,* pero comencé a pensar que tenía que aplicar todo lo aprendido en el aula de clases, para hacer rendir la inversión que habían realizado mis padres en mi carrera universitaria. Sabía que lo que se estaba haciendo se podía mejorar, aunque estaba dando resultados. De esa manera fue que en el 2001 la matrícula se elevó exponencialmente gracias a un programa de *marketing* que desarrollamos basado en nuestra primera investigación de mercado del ramo. Siempre he defendido la idea de que toda decisión de *marketing* debe basarse en información,

y no fue la excepción. Después de usar las técnicas más complejas de investigación y los análisis estadísticos más variados para encontrar la relación entre las variables del marketing educativo, la información más valiosa para resolver el problema de cómo aumentar la demanda fue mediante una muy sencilla investigación exploratoria. Después de tener todo tipo de información correlacionada de los alumnos, la cual aún no respondía a nuestra pregunta de investigación de ¿cómo elevar la matrícula?, procedimos a realizar una breve investigación exploratoria que consistía en dos sencillas preguntas a una muestra de la población de la ciudad:

—¿Conoce usted la Universidad de Sotavento?

9 de cada 10 respondieron que sí.

—¿Ha estado usted alguna vez en la Universidad de Sotavento?

9 de cada 10 respondieron que no.

Después de tanto tiempo de investigar y analizar con las herramientas más complejas, el problema se había resuelto con dos simples preguntas. Era evidente que la promoción de la institución era excelente, ya que la mayoría conocía la marca, pero muy pocos conocían el producto de alta calidad que teníamos para ofrecerles. Años de inversión de recursos en instalaciones, numerosos laboratorios, vasta biblioteca, amplia cafetería, campos deportivos de medidas reglamentarias..., y para que nadie conociera el producto que ofrecíamos.

Fue entonces que desarrollamos un plan de *marketing* para hacer que la universidad fuese anfitrión de eventos académicos, sociales, culturales, deportivos y hasta religiosos. Con esta simple estrategia se logró la cifra récord de matricular mil alumnos en un ciclo escolar, resultando ese año una de las universidades de mayor crecimiento en el país, según los datos estadísticos de la Secretaría de Educación Pública, que incluso fueron publicados en un artículo de la revista *Expansión,* de circulación nacional, donde aparecía la Universidad de Sotavento como una de las instituciones de educación superior de mayor crecimiento en el país.

2. Los mercadólogos siempre buscamos incrementar el número de clientes. En el año 2001, el mercado parecía saturado y crecía constantemente la cifra de aspirantes a la educación superior. Pero ahora existían otras universidades que competían contra nosotros. Otra vez decidimos usar el *marketing* y sus conceptos para aumentar el mercado. No podíamos disminuir el precio de la marca Sotavento porque podría significar un daño al posicionamiento como institución académica líder, por eso desarrollamos otra marca con diferentes características, un espacio puramente académico que tenía carreras diferentes y formas de titulación más variadas. Así las cosas, se creó la Universidad Istmo Americana que para el año 2008 inscribía 800 alumnos en su ciclo escolar, como respuesta al acierto de las decisiones de *marketing* realizadas en los últimos años.

3. Con dos instituciones de educación superior funcionando, la Universidad de Sotavento y la Universidad Istmo Americana, nos planteábamos preguntas como ¿qué hacer para aumentar los clientes, si ya la demanda de alumnos de nivel superior no se incrementaba?, ¿hacer *marketing* de relaciones?, ¿desarrollar nuevos productos para los clientes existentes?

Fue así que se desarrolló en el año 2002 la Dirección de Posgrado, con lo cual se lograba prolongar la estadía de los estudiantes en la institución al estudiar una maestría, alargando así el ciclo de vida del producto mediante cursos de maestría, especialización, diplomado, seminario, doctorado, pero también se lograba fortalecer el producto principal al capacitar a los catedráticos de la institución. Se trataba, indiscutiblemente, de una relación total de ganar-ganar.

4. Otras decisiones para aumentar los clientes fue abrir campus en otras ciudades, para disponer actualmente con tres campus universitarios de la Universidad de Sotavento y tres más de la Universidad Istmo Americana.

5. En el año 2012 se amplía el mercado con nuevos usuarios, desarrollando otros niveles educativos en los diferentes campus desde bachillerato en línea, abierto, secundaria y hasta kínder.

6. En el año 2013 se fortalece el producto educativo, incorporando en las instalaciones de sus campus la franquicia de Harmon Hall de aprendizaje del idioma inglés.

Por todos estos logros y muchos más que no hice yo, obviamente, sino Dios y el *marketing*, garantizo que todos los conceptos y experiencias vertidas en este capítulo funcionan para lograr el éxito empresarial.

Y acerca de mi problema de no tener novia, el lector pudiera preguntarse ¿qué paso?, pues los conceptos del *marketing* desarrollados en este capítulo también sirvieron para lograr persuadir y convencer a cualquier mercado.

¿Qué es marketing?

Esta es la pregunta obligada.

He aquí algunos conceptos elementales o definiciones de *marketing* de los principales exponentes (también llamada mercadotecnia o comercialización en algunos países de habla hispana):

En primer lugar, el autor más connotado del *marketing*, Phillipe Kotler:

"*Marketing* es un proceso social a través del cual individuos y grupos obtienen lo que necesitan y lo que desean mediante la creación, oferta y libre intercambio de productos y servicios valiosos con otros."

Para la American Marketing Association:

"*Marketing* es el proceso de planear y ejecutar la concepción, precio, promoción y distribución de ideas, bienes y servicios para crear intercambios que satisfagan objetivos de los individuos y de las organizaciones."

Para William Stanton:

"La mercadotecnia es un sistema global de actividades de negocios proyectadas para planear, establecer el precio, promover y distribuir bienes y servicios que satisfacen deseos de clientes actuales y potenciales."

Todas estas definiciones, aunque con diferentes palabras, dicen exactamente lo mismo y tienen como factor común implícito o explícito: el intercambio.

Para el autor de este capítulo, la definición ideal de *marketing* es la siguiente:

"Mercadotecnia es crear Confianza."

Así de simple, el *marketing* consiste en crear confianza, más adelante ya con los elementos de *marketing* desarrollados en este capítulo, fundamentaremos esta definición al final del mismo.

¿Cuál es el objetivo del marketing?

La definición favorita del autor de este capítulo de lo que el *marketing* como ciencia debe hacer, la más descriptiva y quizá también la más romántica es:

"El objetivo del *marketing* es volver superflua la actividad de vender. El propósito del *marketing* es conocer y entender al cliente tan bien que el producto o servicio se ajuste perfectamente a él y se venda solo. En teoría, el resultado del *marketing* debe ser un cliente que está listo para comprar. Lo único que se necesita, entonces, es poner a su disposición el producto o servicio" (Peter Drucker).

En pocas palabras, si se convierte en indispensable la actividad de entender al cliente tan bien para tomar las decisiones de *marketing*, todo aquello que se intercambie se ajustará perfectamente a nuestro segmento de mercado, mandando a un segundo plano la obsesión de vender, acción que se da automáticamente entendiendo al mercado.

Para poder entender al cliente, antes tenemos que hacer una distinción y precisar estos tres conceptos: necesidades, deseos y demanda, que Kotler define de la siguiente manera:

- *Necesidades.* Describen cosas básicas que la gente requiere.
- *Deseos.* Se dirigen a objetos específicos que podrían satisfacer una necesidad.
- *Demanda.* Deseos de productos específicos respaldados por la capacidad de pagar.

Para Kotler, las necesidades existen desde antes que brotaran los mercadólogos. Estas necesidades se convierten en deseos cuando se dirigen a objetos específicos que podrían satisfacer la necesidad. Los mercadólogos, junto con otras influencias de la sociedad, influyen en los deseos; por lo tanto, entender al cliente tan bien consiste en intentar predecir su comportamiento de compra y las variables que hay en el entorno para lograr influenciar su decisión para que canalice sus necesidades hacia los productos que el *marketing* desee. Por esta razón es indispensable conocer esas necesidades.

Cuando hablamos de necesidades, los autores más frecuentemente consultados son Maslow, Mcllelan y Herzberg. Aunque en términos de *marketing*, Maslow describe mejor esas características intrínsecas a satisfacer, y permite incluso entender cómo un mismo producto puede satisfacer una necesidad diferente para cada persona o grupo de personas que integran un segmento del mercado.

Esta es la pirámide de las necesidades de Maslow, que fue su desarrollo teórico más importante:

Autorrealización — moralidad, creatividad, espontaneidad, falta de prejuicios, aceptación de hechos, resolución de problemas

Reconocimiento — autorreconocimiento, confianza, respeto, éxito

Afiliación — amistad, afecto, intimidad sexual

Seguridad — seguridad física, de empleo, de recursos, moral, familiar, de salud, de propiedad privada

Fisiología — respiración, alimentación, descanso, sexo, homeostasis

La importancia está en conocer cómo podemos influir para que nuestro producto logre satisfacer cualquier necesidad.

Por ejemplo, un teléfono móvil satisface la necesidad de seguridad familiar, ya que se tiene a los hijos localizados. Otorga seguridad en el empleo al tener todos los documentos digitalizados a la mano. Brinda afiliación al saber que podemos tener muchos grupos de amigos para mensajear por sms, pin, redes sociales o WhatsApp. Puede hacernos llegar a la autorrealización, al tener un equipo con un diseño exclusivo que pocos pueden poseer.

Un mismo producto puede satisfacer diferentes necesidades, por eso es muy importante determinar cuál necesidad satisface cada producto, ya que incluso se podría segmentar atendiendo a esta característica, para poder diseñar una estrategia de *marketing* más precisa y efectiva, que actúe desde las necesidades de los consumidores y no sobre su comportamiento de compra o sus características como mercado.

Un estudiante en clase me cuestionó acerca del uso de los celulares móviles diciendo que se volvieron una necesidad y no un deseo, ya que se supone sólo satisfacían la necesidad de comunicarse y actualmente se volvió indispensable para la mayoría disponer de un teléfono celular, cuando antes no lo era. A lo cual le contesté sonriendo que quienes deberían estar preocupados son los productos sustitutos del teléfono móvil, porque satisface diversas necesidades. Hay quien no puede salir de su casa sin su teléfono móvil porque es una oficina ambulante, otros porque ahí tienen comunicación con sus amigos. No es que el *marketing* cree una necesidad al pasar por el aparador donde venden teléfonos móviles, sino que un mercadólogo audaz entiende al cliente tan bien que puso a su alcance, antes que todos los demás productos o marcas, una opción para satisfacer su necesidad de autoestima, reconocimiento, amor, afiliación, seguridad, etcétera.

Proceso del marketing

La pregunta obligada para todo mercadólogo y que a lo largo de la carrera no se habían formulado es: si tuviéramos que definir a la mercadotecnia como un proceso, ¿cómo lo harían?

Y es cuestión de sentido común o lógica, como todo en *marketing*, porque siempre responden acertadamente. La mayoría de los futuros licenciados en Mercadotecnia forman un proceso, como se observa en la figura 1. El primer paso para todo amante del *marketing* es la información, la única forma de entender al cliente en su verdadera dimensión.

De ahí parte nuestro primer principio básico del *marketing:* si tomas decisiones sin información no estás haciendo mercadotecnia.

Figura 1. Proceso del *marketing*

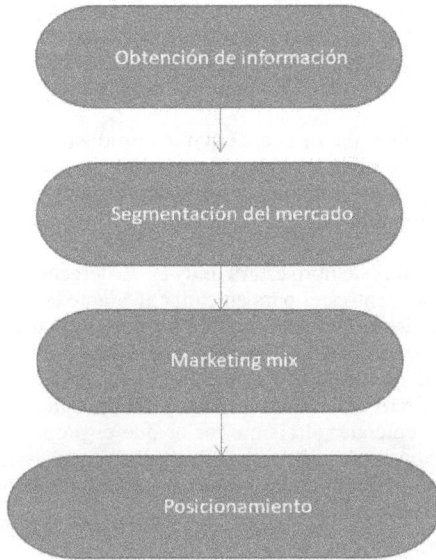

¿Cómo podemos entender al cliente en su totalidad?

El ejemplo anterior de los teléfonos móviles, donde las Tecnologías de la Información y la Comunicación (TIC) van sustituyendo muchas necesidades de manera virtual, da una idea de la importancia de entender al cliente en su totalidad o dejar de existir como marca.

Una Navidad me percaté que no importaba que gastara muchísimo dinero en complacer a mi hijo Juanito. En esa ocasión le regalé un automóvil de juguete, que era casi una réplica de un automóvil real. Tenía su batería, aceleraba y frenaba como un auto normal. Me costó una fortuna, pero el gusto sólo le duró dos días. Así pasó con los demás juguetes caros de cada Navidad. Todos los días hacía berrinche por estar desde que amanecía hasta que anochecía con la *tablet* de su mamá, y peleaba por comprar juegos muy baratos que seguramente tienen un mayor alcance en su distribución porque se distribuyen de manera digital y alcanzan a todo aquel mercado donde exista internet en el mundo.

Al notar aquello me di cuenta que los productores de juguetes o entienden al cliente tan bien, que son los niños, o terminarán por ser uno más de los productos que han pasado a la historia y que recordaremos años después con mucha melancolía.

Usted lector de este libro estará, muy en su derecho, cuestionándome sobre qué hacer entonces para entender al cliente tan bien y revertir el efecto de que los niños actualmente prefieren jugar en las *tablets* que con los juguetes. A lo cual les responderé muy cómodamente, que afortunadamente no me dedico al negocio de los juguetes o las jugueterías porque el reto es bastante grande y tendrán que enfocar todas sus acciones en entender al cliente mejor que el producto sustituto o tendrán que dedicarse a otra cosa. Un mercadólogo bastante exitoso ya logró moldear el deseo de los niños para satisfacer su necesidad de entretenimiento por una *tablet*.

Se requiere ahora tomadores de decisiones más talentosos que logren evolucionar ese deseo hacia productos específicos de su marca, lo cual luce totalmente complicado porque los desarrolladores de juegos para niños ya están entendiendo al cliente tan bien que en los juegos los niños pueden diseñar a los jugadores, ponerle el nombre que gusten, construir el ambiente del juego, anexarle su imagen para personalizar el juego, jugar con otras o contra otras personas en cualquier parte del mundo, jugar a distancia, ser parte del juego moviéndose de la misma manera que los jugadores.

¡Uuuuf! Qué complicada situación para el negocio del entretenimiento, aunque parece ser que alguien entendió demasiado bien la infinita creatividad de los niños.

Paso 1
Obtención de información

Ya sea que usted quiera incursionar en el mercado de un producto ya existente o de uno nuevo, el primer paso consiste en obtener información para la toma de decisiones de *marketing*. A grandes rasgos y resumiendo las más aceptadas teorías de metodología de investigación, tenemos cuatro formas de obtener información del mercado.

Podemos usar las siguientes fuentes de datos o las que sean necesarias para obtener información suficiente y tomar las decisiones acertadas:

- **Fuentes de datos primarios.** Son aquellos que se recopilan específicamente para el proyecto en cuestión, y pueden obtenerse por:

  1. Encuesta. que consiste en preguntar directamente al objeto de estudio.
  2. Observación. que consiste en observar y registrar el comportamiento del objeto de estudio.
  3. Experimentación. que consiste en reproducir en un laboratorio donde se controlan las variables y se aplica un estímulo a algún grupo para ver las diferencia con el grupo no expuesto.

- **Fuentes de datos secundarios**: Son aquellos que ya están disponibles y que fueron recopilados para alguna otra finalidad (Stanton).

Un ejemplo de cómo obtener datos de manera secundaria es hacer un análisis documental, como puede ser revisar los documentos publicados sobre mi producto, o una revisión bibliográfica de los datos ya existentes que pudiera ser, por ejemplo, consultar todos los libros, tesis, artículos de divulgación científica, relacionados con mi producto y recopilados inherentes a lo que investigamos.

En pocas palabras, si deseamos obtener datos para tener información que nos brinde una mayor precisión en la toma de decisiones podemos preguntar (encuesta), observar (observación), experimentar (experimentación) y/o revisar los documentos ya recopilados (análisis documental).

Paso 2
Segmentación del mercado

Este es el segundo paso de la mercadotecnia, y lo analizan autores desde diferentes contextualizaciones y nombres, como Al Ries con su teoría de enfoque, lo cual tiene una relación directa con el concepto de segmentar, diferenciarse. En fin, se necesita precisar el mercado objetivo al cual queremos llegar de una forma muy bien estructurada incluyendo todo el aprendizaje acerca de las variables que existen de segmentación, ya que de esto depende que la estrategia de *marketing* y sus diseños sea efectiva y se logre el objetivo.

¿Para qué segmentamos?

- Para tener una estrategia que se ajuste perfectamente a las necesidades del mercado.
- Para evaluar qué segmentos del mercado total son los más rentables y viables para la empresa, analizando, entre otras variables, su tamaño y saturación. Quizás un mercado es muy grande, pero con un poder adquisitivo bajo o muy grande y con poder adquisitivo alto, pero con una saturación alta, o sea muchos competidores, lo cual disminuye el tamaño de la demanda. Quizá también el mercado es rentable pero demasiado grande o poco accesible para que nuestra marca pueda satisfacerlo.
- Para visualizar qué segmentos no son deseables.
- Para ahorrar tiempo al enfocar la estrategia.

- Para poder especializarse en la atención del mercado objetivo y poder desarrollar un *marketing* de relaciones y construir la lealtad.
- Para determinar qué mercados pueden resultar rentables al variar la estrategia con una inversión mínima. En pocas palabras, maximizar utilidades. Por ejemplo, puede resultar que el mismo producto, con una marca diferente y un canal de distribución diferente, nos permita cubrir otro segmento del mercado, o con un precio distinto, o con una promoción diferente poder satisfacer más mercados que resultan aun rentables para la empresa.
- Para conocer a nuestra competencia directa que serían todos los productos sustitutos que existen en ese mercado.
- Para ahorrar gastos de producción, promoción y distribución al dirigir la estrategia.

Tipos de segmentación en mercados de consumo

Enfocándose en las características del mercado, se puede segmentar de la siguiente manera:

- *Geográfica.* Por ejemplo: ciudad, colonia, región, código postal, cuadra, manzana.
- *Demográfica.* Algunos autores también las llaman sociodemográficas, ejemplos: el ingreso, edad, género, estado civil, escolaridad, clase social, etcétera.
- *Psicográfica (valores y estilos de vida,* values and life style). Agrupa características relacionadas con los valores y estilo de vida de las personas, de sus actitudes, sentimientos e ideologías, para lo cual se diseñó un test Vals I y Vals II para agrupar a la población norteamericana en los siguientes segmentos.

I. Por autoorientación:

a) Orientados por principios:

    – *Cumplidores:* organizados, autoconfiados, intelectuales, maduros y satisfechos.

– *Creyentes:* literales, respetuosos, leales, conservadores y prácticos.

b) Orientados por el estatus:

– *Triunfadores:* no convencionales, conscientes de las marcas y realistas orientados por sus carreras/logros.
– *Esforzados:* entusiastas, sociales, modernos y no seguros de sí mismos.

c) Orientados por la acción:

– *Experimentadores:* impacientes, impulsivos, espontáneos, jóvenes y entusiastas.
– *Hacedores:* autosuficientes, prácticos y orientados a la familia.

II. Por recursos:

– *Innovadores:* independientes, líderes, tomadores de riesgo, triunfadores y activos.
– *Luchadores:* precavidos, conservadores, conformistas, con nivel de ingreso bajo y con baja educación.

• Comportamiento de compra (también llamadas por algunos autores conductuales): dividir el mercado de acuerdo con las características del comportamiento de compra, como la motivación o las razones por las cuales se compra un producto. Por ejemplo, si se sabe que alguien compra un producto por placer, pues la estrategia de *marketing* o *marketing mix*, debe ir enfocada a posicionar esa cualidad.

Atendiendo mi experiencia en *marketing* podríamos segmentar de acuerdo con estas dos clasificaciones:

1. Necesidad que satisface el producto. Si se divide el mercado, entendiendo que un mismo producto satisface necesidades diferentes, se puede diseñar una estrategia para atender a diversos segmentos de mercado de una manera más directa. Por ejemplo, un posgrado académico es un producto que con las mismas características se imparte a un mercado que puede tomar la decisión de adquirirlo por diferentes necesidades. Algunos clientes o estudiantes pueden inscribirse para satisfacer su necesidad de seguridad laboral, ya que tendrían un grado académico que respalde su capacitación. Otros más quizás eligieron estudiar un posgrado para satisfacer su necesidad de reconocimiento. Otros por autorrealización, al sentir que un grado académico de mayor nivel los hará sentirse satisfechos consigo mismos. Otros más de afiliación, ya que dispondrían de un grupo en el cual podrán relacionarse y convivir durante un periodo de tiempo. Si observamos, encontramos que se trata del mismo producto o servicio, pero son diferentes necesidades que satisface, diferente estrategia de *marketing* para cada segmento y diferente también la competencia directa de cada segmento. En el caso de la seguridad laboral la competencia es contra todos aquellos cursos de capacitación. En el caso de la autorrealización, con una infinidad de actividades que hacen sentir autorrealizadas a las personas, como pueden ser: tener hijos, casarse, formar su propio negocio, escribir un libro, plantar árboles, ser altruistas o impartir clase. En el caso de quienes buscan afiliación, compite directamente contra los clubes sociales, deportivos, culturales, etcétera. Segmentar el mercado, atendiendo a la necesidad que satisface nuestro producto, fortalecerá cada una de las variables de nuestro *marketing mix.*

2. *Posicionamiento.* Este concepto de *marketing* será explicado más adelante como el cuarto paso del proceso del mismo; en el segundo paso, que es la segmentación, el posicionamiento podría ser adecuado también en términos de *marketing* para segmentar, no por las características diseñadas por la organización, ni por las que tiene el mercado, sino por cómo realmente el mercado percibe en su mente las características del producto. Dividir el mercado atendiendo al posicionamiento eliminará el daño que pueda causar tener un cliente que no pertenece a ese segmento. ¿Se imagina a alguien que no pertenece al segmento al cual usted quiere atender, comunicando su experiencia con el producto de boca en boca o redes sociales?, ¡sería algo negativo! Por el contrario, imagine las ventajas de tener bien

definido cómo cada segmento del mercado percibe su producto, sería muy conveniente para establecer una estrategia para cada uno.

Enfocándose en las características del producto también, se puede dividir el mercado de la siguiente manera:

* *Frecuencia de uso.* Dividir a los consumidores de nuestro producto, de acuerdo con la frecuencia con que lo usan.
* *Patrones de uso.* Dividirlo conforme al uso que le dan.
* *Beneficios deseados.*
* *Deficiencia de atributos.*
* *Otras.* Lealtad de marca, patrones de compra, sensibilidad al precio y promedio de uso.

Paso 3
Marketing mix

Variables externas

En el tercer paso del *marketing* se aplica lo que los estudiantes de la carrera han visto en la mayoría de los semestres, que sirve para diseñar lo que los expertos llaman *marketing mix* o mezcla de mercadotecnia o que el autor considera como la Estrategia de *Marketing*, que consiste en diseñar las cuatro variables internas de mercado: Producto, Precio, Plaza y Promoción.

Aunque en la universidad se enseña que éstas son las variables de mercado que debemos diseñar, también existen otras que deben ser parte en la planeación de *marketing* y que están fuera del alcance de la empresa. Son las variables externas de mercado que existen y afectan a nuestra estrategia, aunque no podamos controlarlas. Se trata de:

- *Macroeconomía.* Por ejemplo, el tipo de cambio afecta a la mayoría de los productos en nuestro país, porque son pocos los artículos que se producen sin algún insumo importado.
- *Gobierno.* Las decisiones de gobierno y el estilo de liderazgo puede afectar la industria en la que se desempeña su producto. Por ejemplo, el gasto del gobierno en ciertas áreas en particular puede perjudicar otras.
- *Aspecto legal.* Las leyes pueden afectar a nuestro producto, ya que cualquier cambio en la legislación puede limitar la venta de nuestro producto o la utilización de algún insumo, o su

uso en algún lugar. Por ejemplo, en México la ley que prohíbe fumar en bares y restaurantes, afectó la industria porque el promedio de compra de los fumadores era más alto que el de los no fumadores.

- *Competencia.* La competencia de productos de características similares o sustitutos es también una variable externa a considerar para diseñar nuestra estrategia de *marketing*. Por ejemplo, analizando el *marketing mix* de la competencia se puede lograr diferenciar nuestro producto.
- *Cultura.* La cultura de un lugar puede afectar la aceptación del mismo.
- *Medio ambiente.* Las condiciones del medio también pueden hacer poco accesible la venta de un producto.
- *Tecnología.* Los adelantos tecnológicos van obligando a los productos adaptarse a ellos.

Estas variables son en algunas ocasiones más importantes que las "4P", ya que predecir o analizar su efecto sobre las "4P", puede llevar a la empresa a tener una mayor rentabilidad.

Un cambio macroeconómico como puede ser una variación en el tipo de cambio del peso con respecto al dólar también puede dejar los precios de los productos nacionales fuera de competencia en el mercado o al revés, favorecer su venta. Un cambio de visión de parte de quienes toman las decisiones de gobierno, dada por su formación profesional y política de estas personas, puede influir positiva o negativamente en la demanda, como podría ser en el contexto actual en México desde hace un sexenio, que los productos que tienen que ver con el rubro de la seguridad son los más demandados por los gobiernos y la inversión se ha incrementado.

Una decisión legal también puede afectar drásticamente, como sucede actualmente con las 11 reformas estructurales impulsadas por el actual presidente de México, que provocarán cambios en el consumo. Tocante a la *reforma fiscal,* cabe precisar que su objetivo es aumentar el número de contribuyentes con lo cual muchos productos elevarán sus precios al incrementarse la tasa impositiva. La *reforma educativa,* por su parte, llevará a las instituciones de educación a que tengan una mayor demanda, ya que los maestros necesitarán una mayor preparación para poder impartir catedra. Respecto a la *reforma en telecomunicaciones,* los monopolios de esta industria perderán rentabilidad. En tanto que con la *reforma energética* se tendrá energía más barata, con lo cual el costo del transporte disminuirá dentro de la fijación de precios de los productos.

Marketing mix "4P" (variables internas)

Por otro lado, tenemos las variables que en teoría sí podemos controlar y diseñar, que son las variables internas de mercado que forman la estrategia. Y hablamos de:

Producto

Existen diversas definiciones de producto en el área del *marketing.* Para no ahondar en tantos conceptos, mejor generalizamos afirmando que la variable producto se refiere a todo lo que se pueda intercambiar o vender.

Para Kotler, por ejemplo, sería lo que llama su oferta básica: bienes, servicios, experiencias, eventos, personas, lugares, propiedades, organizaciones e información e ideas.

Para Stanton, el producto es un conjunto de atributos de manera reconocible. Por ejemplo, cualquier producto que tenga usted cerca podrá distinguirlo como un conjunto de atributos de color, tamaño, textura, de manera reconocible bajo un nombre por ejemplo una lámpara, un gis, un plumón o un refresco.

Para Lovelock, en su libro *Mercadotecnia de Servicios,* no existe un producto 100% tangible, ni servicio 100% intangible. Todo producto necesita de productos y servicios complementarios para su comercialización, y todo servicio también necesita de productos y servicios complementarios para su comercialización.

Por ejemplo, una universidad vende el servicio de educación, pero éste no pudiese llevarse a cabo si no se cuenta con productos complementarios como aulas, pizarrones, computadoras, y servicios agregados como asesoría, servicios bibliotecarios, de cafetería, de software de cómputo, financieros, etcétera.

Algunas de las características, entre muchas otras, que los mercadólogos deben gestionar y diseñar la variable producto, son:

- Marca.
- Color.
- Tamaño.
- Empaque.
- Envase.
- Embalaje.
- Diseño.
- Garantía.
- Desarrollo de nuevos productos.

Lo ideal sería que cada uno de estos atributos se diseñen a partir de la información del mercado. Para el caso de la marca y algunas otras características, se suele hacer una prueba de concepto para determinar cuáles son los nombres que al mercado meta más le agradan.

Ciclo de vida del producto

El comportamiento de la demanda de un producto atraviesa cuatro etapas que la mayoría de los autores han llamado etapas del ciclo de vida del producto:

- *Introducción.* No existe competencia directa porque el producto es nuevo, y se caracteriza por una fuerte inversión en promoción.
- *Desarrollo.* Aparecen pocos competidores, que sería el estado ideal para nuestro producto porque hay poca competencia y el producto ya está posicionado.
- *Saturación.* El mercado se satura de competidores y el margen de contribución es mínimo.

• *Declive*. La demanda es muy baja y el producto está por desparecer, sino se diferencia o modifica. Existen demasiados competidores.

Estrategia de cuatro rutas de Dupont para expansionar las ventas (alargar el ciclo de vida del producto)

Para alargar el ciclo de vida del producto y lograr que la demanda permanezca o se incremente, Dupont desarrolló cuatro pasos que usó y logró que el nylon extendiera su ciclo de vida para no llegar al declive.

1. La promoción de un uso más frecuente del producto entre sus usuarios actuales: En el caso de Dupont, se realizó una promoción de la necesidad social de que las mujeres usarán medias.
2. El desarrollo de usos más variados del producto entre los usuarios actuales. Dupont promovió la elegancia de la moda al ofrecer diferentes medidas en tintes y con diferentes texturas.
3. Con la creación de usuarios nuevos para el producto, mediante la expansión del mercado, se desarrollaron medias para jóvenes y niños.
4. El desarrollo de usos nuevos para el material básico. Se diseñaron alfombras, llantas y cojines.

Precio

La variable precio en *marketing* tiene el objetivo de fijar un valor a lo que se va a intercambiar, que sea justo para el mercado y que a la vez logre rentabilidad para lograr una relación en la que gana el cliente lo que necesita y gana la empresa rentabilidad al venderlo. Por ello es importante, para fijar un precio, tomar en cuenta las dos teorías que se relacionan con esta variable:

Teoría contable

Que establece la siguiente función de precio:

• Ingreso total (precio x unidades vendidas) = Costo total (costo fijo + costo variable) + Utilidad (porcentaje que se fija dependiendo de características como tipo de producto)

- Tendencia a disminuir costos, aumentar utilidad.

En el precio están prorrateados todos los costos en los cuales se incurre para producir y vender el producto. Hay que recordar que los costos que más afectan son los fijos, porque éstos se consumen se produzca o no; en cambio los costos variables se incrementan al producir una unidad más.

Por ejemplo, haciendo uso de la fórmula expresada anteriormente ¿cómo calcularía el precio de su producto?

No es sencillo fijar un precio, pero tratemos de ilustrar una forma con las variables usadas en esta fórmula. Empecemos con los costos fijos, la dificultad principal de usarlos en el cálculo es que pueden ser de diferente temporalidad, por ejemplo: la luz se paga cada dos meses, la renta quincenal, el agua mensual, son variables que en este caso no podrían sumarse porque tienen diferente medición. Pero supongamos que todos los pagos que haga mensualmente son fijos y son los siguientes:

- Luz: $10,000.
- Agua: $1,000.
- Renta: $5,000.
- Publicidad: $10,000.
- Materia prima: $5,000.
- Salarios: $15,000.

Sumados nos da un costo fijo total mensual de $46,000.

Cada producto que usted vende lleva una llave que cuesta $5 y por cada venta se otorga una comisión al vendedor de $2. Por lo tanto, el costo variable de venderlo sería de $7.

Con esos insumos, la capacidad de producción es de 1,000 unidades del producto.

Usted quiere ganar una utilidad de 10%.

Despejando el precio (P) de la fórmula de ingreso total (IT), quedaría de la siguiente forma:

1,000P = CF (46,000) + CV ($7 × 1,000uds = $7,000) + UT (1,000uds × 0.1 utilidad x P) =

1,000P = 53,000 − 100P

P= 53,000/900 = $58.88

Teoría económica

- El precio se rige por la Ley de la Oferta y la Demanda.
- A mayor oferta, manteniendo constante la demanda, el precio disminuye y viceversa, sin importar los costos de producción y venta.

En este enfoque, la tendencia es aumentar la demanda, ya que con esto la rentabilidad aumenta sin ninguna restricción.

En la gráfica se muestra cómo el precio de equilibrio, donde no se gana ni se pierde, se fija en el punto donde la oferta se equilibra con la demanda y también determina la cantidad que se debe vender.

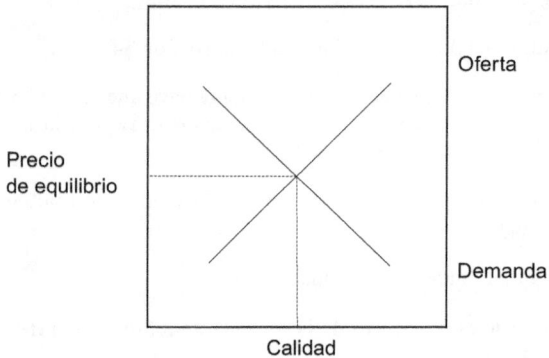

Calidad

Decisiones de precios:

- Fijación de precios.
- Discriminación de precios.
- Condiciones de crédito.
- Periodo de pago.
- Complementos.
- Descuentos.

Plaza

Se le llama plaza por la traducción literal del inglés al español de la variable *"place",* cuyo nombre más bien en español sería "lugar de venta". El lugar donde se llevará a cabo el intercambio, puede ser real, electrónico o virtual. Las decisiones de la variable plaza son todas aquellas que permiten que el producto esté a la mano del cliente, a su alcance para poderlo comprar y usar. Algunas de las características que el mercadólogo debe gestionar de la variable plaza, son:

- Ubicación.
- Cobertura.
- Inventario.
- Transporte.
- Logística.
- Canales de distribución.
- Cadenas de abasto.
- Redes de *marketing.*

Promoción

Lauterborn, con su teoría de las "4C" de *marketing*, a la variable promoción le da el nombre de comunicación, que es realmente la función principal de esta variable, comunicar al mercado meta todo lo relacionado con el producto. Entre las herramientas promocionales descritas por los autores más conocidos están:

- *Publicidad:* Es toda la comunicación del producto que es masiva y es pagada.

- *Venta personal:* Es la venta directa, casa por casa o cliente por cliente.
- *Relaciones públicas:* Son todas aquellas acciones que realiza la organización para que se genere una imagen positiva de la marca (*lobbying*, cabildeo, donaciones, patrocinios, convenios, etcétera). El cabildeo, como hemos señalado en el libro *Lobbyng y Cabildeo: un enfoque social para el marketing y la comunicación organizacional,* es la actividad que se realiza para ganarse voluntades en un cuerpo colegiado o en una corporación. Lo anterior pone de manifiesto que la herramienta promocional de relaciones públicas tiene una gran variedad de acciones donde se incluyen todas aquellas que buscan fortalecer la imagen positiva de la marca.
- *Promoción de ventas.* Todo incentivo que se otorga para incrementar las ventas o dar a conocer un producto como los descuentos, cupones, planes de afinidad, asociación de productos, etcétera.
- *Propaganda (Stanton).* Es la comunicación masiva y gratuita del producto, que puede ser positiva o negativa. Por ejemplo, alguna acción muy importante que lleve a la marca a tener publicidad en medios masivos de comunicación sin pagar por esa promoción, se le conoce también como propaganda. Para otros autores la propaganda es la difusión de ideas.
- *Marketing directo (Kotler).* Comunicación directa *(e-mail,* teléfono, sms, etcétera.)

En el caso de la propaganda y el *marketing* directo se especifica que sólo Stanton y Kotler, respectivamente, las consideran como herramienta promocional.

Paso 4.
Posicionamiento

El cuarto paso es el resultado de haber implementado la mezcla de *marketing* para un segmento de mercado, que es el posicionamiento.

Posicionamiento

El investigador Jack Trout acuñó este término y lo definió así: "es el lugar que ocupa un producto o servicio en la mente de los consumidores." La información que entra a nuestra mente es por medio de los cinco sentidos, por ello el posicionamiento se basa en la percepción que tiene el mercado de nuestra marca.

Aparte de darle nombre a este proceso mental como posicionamiento, recomienda para medirlo conseguir algunas instantáneas mentales.

"Lo que realmente necesita es una instantánea de las percepciones que existen en las mentes. Nada de pensamientos profundos ni sugerencias. Lo que debe buscar son los puntos fuertes y los débiles de percepción sobre usted y sus competidores, como existen en las mentes de su grupo objetivo de consumidores.

Nuestro método favorito de investigación consiste en enlistar los atributos básicos que rodean una categoría y después pedir a las personas que los califiquen con base en una escala del 1 al 10. Hacemos esto para cada uno de las competidores. El objetivo consiste en detectar quién posee tal o cual idea o concepto en una categoría.

Tomemos los dentífricos como ejemplo: existen al menos seis atributos que rodean a este producto: prevención de caries, sabor, blanqueador, protección del aliento, ingredientes naturales y tecnología de punta. *Crest* basa su marca en la protección contra las caries, *Aim* en su sabor, *Ultrabrite* en su poder blanqueador y *Close-up* en la protección del aliento.

A últimas fechas, *Tom's of Maine* ha prevalecido por sus ingredientes naturales y *Mentadent* se ha vuelto un participante importante por su tecnología con bicarbonato de sosa y peróxido. Cada uno posee un atributo, el truco consiste en determinar de antemano con cuál atributo le gustaría adueñarse de las mentes. Y la investigación debe servirle como mapa de carreteras para llegar a las mentes, pero eludiendo las percepciones de sus competidores."

Esta recomendación suele ser útil en la investigación de mercados para lograr obtener información de cuáles son los segmentos atendidos, dada la percepción del mercado y también cuál es la percepción que se tiene de nuestra marca, ya que podemos estar hablando del producto de la más alta calidad y con la mejor tecnología dirigido al segmento de mercado con mayor poder adquisitivo; pero si este no lo percibe así, existe alguna variable del *marketing mix* que no es acorde con la percepción que tiene el mercado sobre las características del producto.

Por ejemplo, puede ser el caso que algún canal de comunicación o de distribución no es afín a las características de ese producto, o puede ser que el precio da una percepción de baja calidad en el producto.

Marketing es Crear Confianza

Cuando un alumno me cuestiona justificadamente: ¿cuál sería su definición de *marketing* después de tantos años de experiencia docente en el área? sin titubear le contesto el *marketing* es "crear confianza".

La mayoría quedan absortos ante esta declaración, en un principio mi definición les parece ilógica y todos con la mirada piden una explicación, y continúo: "la confianza es sinónimo del *marketing*".

¿Ustedes comprarían una marca de comida que no les da confianza?, ¿asistirían a atenderse con un doctor que no les da confianza?, ¿manejarían un automóvil que no les da confianza?, ¿se casarían con una persona que no les da confianza? En pocas palabras, para lograr el intercambio se necesita confianza. El *marketing* es ese conjunto de acciones que influirán en crear o fortalecer la confianza. Por lo tanto, todo lo que merma la confianza disminuye la imagen de una marca y debilita su posicionamiento.

Aquí la siguiente pregunta, sería: *¿qué es la confianza?*

Para saber cómo se crea la confianza no entraremos en terminología de otras ciencias o áreas, simplemente definiremos la confianza en su generalidad de manera empírica y no científica, como lo define el diccionario de la Real Academia de la Lengua Española: "esperanza firme que se tiene de una persona o cosa"; por tal motivo, la confianza tiene que ver con mantener las expectativas, con la seguridad de obtener lo que uno desea. Otras definiciones más connotadas de confianza: "familiaridad o libertad excesiva". Esa familiaridad excesiva es la que queremos los mercadólogos que tengan nuestros clientes hacia nosotros y viceversa. Stephen Covey en su libro *Los 7 hábitos de la gente altamente eficaz* propone crear relaciones de ganar-ganar. Esto aumenta la confianza porque el cliente percibe que obtiene algo de valor. Además, se promueve el *marketing* de relaciones, ya que una empresa que busca sólo ganar en un solo sentido generará desconfianza en el mercado.

Así de sencillo, el que crea y fortalece la confianza, vende más. La confianza de un buen producto, de un buen precio, pero sobre todo la confianza de pagar lo justo por lo que se espera recibir y de tener una marca que responderá por la calidad del producto en todo momento. Y no siempre el término "justicia" es para el consumidor la misma connotación que para el vendedor, en ese caso podría ser que el consumidor no es parte del segmento de mercado de nuestra marca.

También el diccionario define a la confianza de manera comercial o de intercambio de la siguiente manera: un pacto o convenio hecho oculto y reservadamente entre dos o más personas particularmente si son tratantes o de comercio, ese pacto de comprar lo se pide y obtener los beneficios.

En conclusión, la confianza sea vista como un sentimiento (sensación) o un estado de ánimo, se construye con base en la información que llega a nuestro cerebro.

¿De qué manera entran a nuestro cerebro
todos los datos que se convierten en información
y forman la imagen de un producto?

Desde luego que mediante los sentidos. Por ello, la construcción de la confianza se basa en la información que entra a nuestro cerebro a través de los sentidos, que se relacionan directamente con la percepción, entendida como la sensación interior que resulta de una impresión material hecha en nuestros sentidos.

La percepción obedece a los estímulos cerebrales logrados a través de los cinco sentidos: vista, olfato, tacto, audio y gusto, que dan una realidad física del entorno. En este concepto es donde debe trabajar el *marketing*, ya que la diferencia entre tener confianza en una marca se da en la forma en que se da a conocer la información a través de los sentidos.

Imagine que desea saber cómo está el clima en la ciudad donde vive un familiar y le marca por teléfono para preguntarle, pero en ese momento se encuentra en su oficina con el aire acondicionado a tan baja temperatura que lo hace temblar de frío, de seguro le dirá que el clima es agradable, aun cuando afuera la temperatura sea de más de 40°C.

Así es el *Marketing*, por eso un mito del mismo es que engaña a la gente, porque muy probablemente exista gente poco ética que transmita información de beneficios que no tiene su producto a través de los sentidos, pero eso no genera confianza ni relaciones a largo plazo que es lo que el *marketing* busca. Decía Abraham Lincoln "no se puede engañar a toda la gente todo el tiempo".

Usted que está leyendo este libro lo único que quieres es comunicar éticamente todas las cualidades de su producto, porque usted está trabajando arduamente haciendo un producto de alta calidad, pero no descarte la posibilidad de que alguna información por medio de los sentidos esté creando una percepción errónea acerca de la calidad de su producto, como pasa en el ejemplo del aire acondicionado.

Por ello, el trabajo del mercadólogo está en crear esa imagen en nuestros clientes que deseamos a través de la percepción, que se conoce como posicionamiento. Kotler nos ilustra cuál es la diferencia entre necesidad, deseo y demanda para poder ubicar el campo de acción del *marketing* y acabar con ese mito de que crea necesidades.

Para Kotler, el trabajo del *marketing* está en moldear los deseos, lo que directamente sería actuar sobre la percepción o actuar a nivel mental, de tal manera que si alguien tiene la necesidad de autorrealización el *marketing* debe actuar en la mente de los consumidores potenciales o de aquellos que representan la demanda para que elijan nuestra marca, para satisfacer esa necesidad y no algún producto sustituto que quizá no sea de las mismas características ni del mismo giro empresarial.

Lo anterior, coincide con lo que hemos subrayado en este capítulo, de que el mercadólogo debe crear confianza a partir del posicionamiento, ya que la percepción permite que la información entre a nuestro cerebro, que es donde se puede moldear el deseo. Es en la mente donde se crea la sensación de confianza, es quizá por eso que se ha arraigado ese añejo mito de que la mercadotecnia es publicidad, porque es la parte visible de la estrategia de *marketing*, aquella que está en contacto con los sentidos a larga distancia, sin conocer el producto.

Pero si analizamos esa publicidad siempre está (en aquellas marcas que están apoyadas por una estrategia definida de *marketing*, no así en aquellas que sólo realizan mensajes sin un objetivo definido) en concordancia con los objetivos de la mercadotecnia. Por ello, Jack Trout, quien acuñó este concepto de posicionamiento, recomienda en su libro de posicionamiento realizar una investigación de mercados sobre los atributos percibidos para poder ubicar el producto o la marca de manera real en la mente de nuestro segmento de mercado.

Quizá nuestra estrategia está diseñada para posicionar un producto de lujo, pero en realidad lo que la gente percibe es un producto popular. Quizás usted esté invirtiendo en un producto de la más alta calidad, pero su publicidad está siendo difundida en un medio de bajo rating y esto genera una percepción contraria, o quizás un mensaje vulgar o poco creativo está haciendo ese efecto. Por eso, el posicionamiento se alimenta de todas las variables de *marketing*.

En conclusión, la confianza aumentará el *"Lifetime Value"* de los clientes, concepto desarrollado por Arthur Hughes acerca de cómo un cliente de por vida proporciona mayores ingresos o beneficios a las empresas que aquellos que sólo compran por una sola vez, por lo cual los incentivos, no sólo económicos sino de atención y enfoque, deben ser destinados a este grupo de mayor retención.

Todas las acciones de *marketing* tienen el objetivo de coadyuvar a lograr esa confianza entre consumidor y vendedor, aun aquellas que creemos no tienen impacto tangible o en el corto plazo, por ejemplo destinar un porcentaje de las ventas de nuestro producto a una causa altruista no hará que se tenga una mayor rentabilidad en el corto plazo; por el contrario, el ingreso se verá disminuido, pero esta acción de relaciones públicas fortalecerá la confianza de los clientes de la marca y generará clientes de por vida que confían en la marca.

Bibliografía

Aaker David, *Investigación de mercados*, McGraw Hill.

Al Ries, Focus: The Future of Your Company Depends on It, 27 de septiembre de 2005.

Covey, Stephen, *Los 7 hábitos de la gente eficaz,* Covey Leadership Center, Paidos Plural, 2003.

Diccionario de la Real Academia de la Lengua Española, 2013.

González, Ignacio y otros, *Lobbying y cabildeo,* Sicco, México, 2008, 103 pp.

Hughes, Arthur M., *Strategic Database Marketing*, McGraw Hill, New York, 1994, 352 pp.

Kotler, Philip, *Dirección de Marketing,* Pearson Educación, México, 2001, 718 pp.

Levitt, Theodore, "Aproveche el ciclo de vida del producto", *Harvard Business Review,* 1975.

Lovelock, Christopher, *Mercadotecnia de Servicios,* Prentice Hall, 1997.

Malhotra, Naresh K., *Marketing Research: An Applied Orientation*, Prentice Hall Hispanoamericana, Georgia Institute of Technology, 1996 (trad. española de Verania de Parres Cárdenas, *Investigación de mercados: un enfoque práctico*, México, 1997), 890 pp.

Ramírez, E., *La segmentación por estilo de vida,* AMAI, 1997.

Stanton, William, *Fundamentos de Mercadotecnia,* McGraw Hill, México, 1998, 784 pp.

Trout, Jack, *El Nuevo Posicionamiento,* McGraw Hill, 1996, 167 pp.

CAPÍTULO 2
Modelos de cooperación internacional en materia de inteligencia

Adolfo Alberto Laborde Carranco
Internacionalista.
Actualmente es profesor-investigador de la licenciatura en Relaciones Interna-
cionales del Tec de Monterrey Campus Santa Fe.
Miembro del Sistema Nacional de Investigadores (SNI) del CONACYT, México.

La inteligencia (estratégica), como sabemos, "es una herramienta sumamente útil … toda vez que trata de la recopilación de información y el análisis de contextos, así como del mediano y largo plazo, que nos da la capacidad de anticiparnos y convertir la incertidumbre en riesgo, con la posibilidad de transformarlo en oportunidad".[1] Bajo este supuesto, trata el tema del presente capítulo.

La inteligencia ha sido, y será, un elemento fundamental para los Estados. Es utilizada para perseguir y cumplir el interés nacional, a través del acceso de información estratégica con miras a tomar decisiones; sin embargo, el problema radica cuando el "interés nacional" de un Estado se contrapone con el "interés nacional" de otro Estado que por medio de la contrainteligencia pretende contrarrestar o neutralizar las acciones emprendidas por otro Estado en lo que conocemos como el ciclo de inteligencia. Es aquí en donde encontramos el primer obstáculo con nuestro tema de este capítulo: *Modelos de cooperación internacional en materia de inteligencia,* el cual, dentro la naturaleza de la inteligencia estratégica, podría parecer una contradicción que desde su óptica viola el principio de secrecía, sobre todo cuando hablamos de cooperación (internacional). "En el ciclo de inteligencia estratégica los

---

[1] Tello Peón, Jorge Enrique (Coordinador), *Inteligencia Estratégica en el Contexto Mexicano,* Editorial Plaza y Valdés, México, 2012, p. 9.

agentes u operadores no deben de saber más que lo necesario" dice un dicho entre los expertos en la materia (inteligencia táctica y operativa).

En este contexto, el presente capítulo tiene como objetivo describir los modelos de cooperación internacional que se han dado en el marco de la inteligencia sin que éstos pongan en riesgo o en vulnerabilidad a las partes (Estados) cooperantes. De esta manera, nuestro supuesto de investigación radica en la idea de que "existen campos de cooperación internacional (nivel intraestatal y/o nivel interestatal) en materia de *inteligencia* como la información financiera y anticorrupción, entre otros temas que no vulneran la soberanía nacional o que no ponen en riesgo el interés nacional de los Estados (cooperantes) en cuestión, más aún cuando en la actualidad, la dinámica de las relaciones internacionales, y los problemas derivados de ella, obligan a los gobiernos a generar cooperación o intercambio de información como parte integral de una estrategia común ante problemas compartidos; es decir, en algunos asuntos se necesita un marco de referencia para eliminar los riesgos y la vulnerabilidad del Estado-Nación. El resultado de esto se refleja en una mejor toma de decisiones.

Sosteniendo que la seguridad del Estado ha cedido su lugar a la seguridad de la sociedad –en donde las personas constituyen su núcleo central–, y que ésta no puede reducirse a una minoría social privilegiada, Manuel Piqueras entiende que la "seguridad integral" resulta ser "...la solución democrática, progresiva y negociada de los hondos desencuentros económicos, sociales, político-institucionales y étnico-culturales". Colocando como centro el afianzamiento de la gobernabilidad, la formulación e implementación de políticas destinadas a atender los problemas vinculados a la seguridad pública debe superar la visión unívoca y reduccionista de seguridad = policía, o seguridad = represión, para integrarse en un esfuerzo común en donde las políticas de seguridad y la política criminal se conjugan en el marco de la dimensión social.

En este sentido, la pretensión de alcanzar seguridad implica un intento de equilibrio a través de la integración de los Estados en las organizaciones internacionales, siendo, paradójicamente, reacios a considerar que la seguridad del otro puede llegar a ser la seguridad propia. De esta forma se materializa la tesis de Berki, considerando que la seguridad no es un concepto absoluto. La situación "ideal" en estos términos no existe, considerándose el factor individual como elemento fundamental a la hora de valorar el concepto de la misma, ya que ningún sujeto llega a alcanzar la seguridad completa por sí y para sí mismo. Depende de lo que la colectividad llegue a conseguir para la suya propia.

Trasladándose esta teoría a la práctica interestatal, la aspiración a la utópica seguridad global absoluta que puede detentar un Estado, se convierte en la carencia de ésta por parte del resto. Se puede decir, por tanto, que la seguridad propia es la inseguridad del contrario. Al ser éste un concepto relativo, la seguridad es susceptible de presentar vulnerabilidades que pueden transformarse en la distinta percepción de riesgos y amenazas que pueden poseer Estados distintos.

La necesidad de lograr una seguridad lo más efectiva posible por parte de los Estados es algo indiscutible. La cuestión radica en determinar la vía para conseguirla.

En este sentido, las posibilidades de cooperación entre distintos Estados para la obtención de un mayor grado de seguridad se ven mermadas de dos formas distintas.

Por una parte, es innegable que la cooperación puede aportar ventajas para todas las partes, pero lo hace en distinta medida. Algunos autores consideran que las ventajas obtenidas no son absolutas, sino relativas. Cuando dos Estados se disponen a cooperar en una ventaja mutua, la pregunta que en un primer momento surge es: si no ganamos los dos por igual, ¿quién ganará más? "El hecho de que un Estado se vea más beneficiado en términos proporcionales, puede traducirse en el incremento de sus capacidades y, por tanto, en la aparición de una amenaza para el resto".

En cuanto al objetivo principal de los Estados, su seguridad, para algunos autores, los Estados forman alianzas no sólo para equilibrar sus fuerzas, sino para contrarrestar cualquier indicio de amenaza para su independencia.

En la actualidad, amenazas como la proliferación de armas de destrucción masiva, conflictos intraestatales, el terrorismo y su interconexión con el crimen organizado, etcétera, suponen unos retos a los que la sociedad internacional debe responder de una forma preventiva y reactiva.

Así, desde la postura estatal que, a través del responsable político marca las directrices de los servicios de inteligencia, la labor preventiva de los mismos debe inscribirse en un ámbito multidimensional en el que la cooperación internacional se aprecia como fundamental, aunque no exenta de matizaciones.

Si se considera que el Estado es el actor principal en las relaciones internacionales, los servicios de inteligencia y de información que actúan al servicio de los mismos contarán con las mismas dificultades que los países a los que representan a la hora de establecer relaciones de cooperación. De esta forma, los servicios de inteligencia van a actuar conforme a sus propios intereses y anteponiendo la seguridad nacional del Estado al que pertenecen, a las necesidades que, de una forma colectiva, se tomen en una coalición.

Por ello, la clave para lograr un entendimiento se encuentra en la búsqueda de objetivos comunes y en el que se logre un equilibrio de poder entre los actores, en el que ninguno se vea en una posición desproporcionada por un incremento de beneficios para un actor en detrimento de los otros, en este caso, de los servicios de inteligencia.

Por lo tanto, la consecución de un entendimiento con respecto a unas materias determinadas que representan una amenaza real para los Estados se establece como el primer paso para una cooperación efectiva. Actualmente, una de estas materias es el terrorismo, pero esto no es suficiente si no hay un acuerdo sobre los mecanismos preventivos, de los cuales forman parte los servicios de inteligencia, como elemento esencial.

El problema surge a la hora de necesitar compartir cierta información considerada por un Estado que puede afectar a su propia seguridad nacional. Este caso es un claro ejemplo de aseguración de la supervivencia de un Estado, en el que la protección celosa de la información puede suponer convertirse en un factor negativo en la eficacia de la cooperación internacional. Pero indiscutiblemente es una cuestión inevitable.

Niveles de cooperación internacional en materia de inteligencia

Nivel intraestatal

Problemáticas: Burocráticas y de competencias.

Nivel interestatal

Problemática: El establecimiento de una cooperación en materias comunes junto con un fluido intercambio de inteligencia entre distintos servicios.

En este sentido, se pueden destacar dos niveles de cooperación: el bilateral y el multilateral.

Desde el punto de vista bilateral se puede decir que es el nivel más común de cooperación entre servicios de inteligencia. Se puede realizar de una manera formal, a través de la firma de Memoranda de Entendimiento o acuerdos expresos por parte de los Estados por los que se garantiza la confidencialidad de la información, o de un modo informal, mediante acuerdos tácitos, entre distintos servicios de inteligencia en determinadas materias.

En síntesis, la base para una eficaz cooperación bilateral se resume en la consideración por parte de los Estados de que el elemento fundamental para una eficaz cooperación es la reciprocidad en el intercambio de inteligencia y/o información, y no tanto la posición de igualdad de los Estados en cuanto a ese intercambio, puesto que siempre se va a establecer un equilibrio entre las dos voluntades políticas. Con ello, se quiere afirmar que las ventajas van a ser relativas y no siempre absolutas puesto que la valoración que se realiza de los intereses se efectúa a través del juego de las percepciones, siendo una elección más cualitativa que cuantitativa.

En cuanto al nivel multilateral, es necesario destacar la dificultad que plantea el establecimiento de una relación de cooperación eficaz. Cada Estado presenta unas necesidades conforme a su seguridad e interés nacional, que debe salvaguardar. Este hecho provoca que sean reticentes a compartir parcelas de información que pueden afectar de una forma directa o indirecta al Estado en el desarrollo de sus políticas.

En lo que respecta a la primera variable, los Estados que comparten intereses comunes en materias que se constituyen como amenazas a la seguridad han demostrado su propensión a establecer redes formales para la cooperación en inteligencia. En raras ocasiones, estas redes que se constituyen como "grupos" o "clubs" van más allá del simple intercambio de información.

Hay que decir, en cuanto organizaciones internacionales como la Organización del Tratado del Atlántico Norte (OTAN) o Naciones Unidas, que no poseen capacidades orgánicas propias de inteligencia, por lo que los requerimientos que se efectúen en este sentido dependerán del grado de información que quieran compartir los Estados miembros.

A partir del 11-S, la toma de conciencia de la incapacidad para hacer frente a la amenaza terrorista de forma exclusivamente estatal, promueve una línea de actuación, por la que se constituyen una serie de alianzas contra el peligro que supone el terrorismo para la seguridad. Pero el establecimiento de este tipo de coaliciones no es nuevo.

Si analizamos las alianzas de Estados establecidas en las últimas décadas en el ámbito de la inteligencia, nos damos cuenta que se establecen para un fin concreto. Así, el programa UKUSA, antecesor de la red ECHELON, nació de un acuerdo bilateral anglo-americano durante la Segunda Guerra Mundial de cooperación en materia de SIGINT para controlar las señales emitidas por Alemania y Japón. Tras la guerra, se acordó seguir manteniendo este acuerdo como forma de continuar la cooperación en tiempo de paz. Años más tarde se hizo extensivo a Canadá y a Australia, ampliándose a Nueva Zelanda, con la consiguiente formación de la red ECHELON, con el fin de conducir las actividades de inteligencia de comunicaciones (Comint) de una forma global.

Entre otros acuerdos multilaterales hay que destacar el Club de Berna, creado en 1971, como grupo de cooperación de carácter multilateral. En él se reúnen anualmente los directores de inteligencia de los distintos servicios europeos con el objetivo de establecer la agenda referente a la cooperación entre los diferentes Estados a partir de los intereses comunes concernientes a la seguridad europea. A partir de 1999, se establece en la agenda las cuestiones relativas a terrorismo, interceptación de comunicaciones, encriptación y ciberterrorismo, y en el 2000 el club incluye las cuestiones relativas al papel de los servicios en la integración europea.

El club mantiene su propio sistema de comunicación para distribuir los informes realizados, así como la información solicitada. Tras el 11-S, el Consejo Europeo sobre Asuntos de Justicia e Interior estableció una serie de tareas al club, con el fin de proporcionar unas líneas de acción a Europol en el ámbito del contraterrorismo. En este sentido, se ha establecido un grupo asesor formado por los directores de unidades contraterroristas, los cuales, en reuniones periódicas proporcionan asesoramiento a Europol en la lucha contra éste.

El Grupo TREVI *(Terrorism, Radicalism, Extrermism and International Violence)* fue establecido en el Consejo Europeo de Roma de diciembre de 1975, con la misión de intercambiar información y coordinar los esfuerzos en la lucha contra el terrorismo. La creación de este grupo se debió a la preocupación que existía en Europa por la ola de atentados que se estaban produciendo. Grupos terroristas de carácter independentista que actuaban en países como España e Irlanda, y revolucionarios extremistas cuyos objetivos eran Francia,

Alemania, Bélgica o Italia, eran objeto de preocupación para los Estados europeos. En este sentido, se crea el grupo con el fin de establecer acuerdos de asesoramiento e intercambios de información.

El Grupo Kilowatt, creado en 1977, surge tras el aumento del terrorismo de corte islamista. Los Estados que forman parte del mismo son Bélgica, Francia, Alemania, Irlanda, Italia, Luxemburgo, Países Bajos, Noruega, Reino Unido, Sudáfrica, Canadá, Noruega, Suecia, Suiza, Estados Unidos e Israel. El objetivo para la creación de este grupo fue el compromiso de cooperación en el intercambio de información para hacer frente a la dimensión internacional de la amenaza. Actualmente, se han incluido los nuevos Estados que han entrado a formar parte de la Unión Europea.

Paralelamente, al Grupo Kilowatt, se creó el grupo Megaton, con el objetivo de afrontar las amenazas terroristas de carácter no islámico, como las de corte anárquico y radical.

La diferencia entre estos dos grupos y el resto de coaliciones de cooperación multilateral radica en que el intercambio de inteligencia no está establecido desde una base de reciprocidad, por lo que se aumentan las capacidades contraterroristas de cada Estado y del grupo en su conjunto.

Se ha comprobado que las actuaciones de los servicios de inteligencia e información siguen las directrices de las políticas estatales en cuanto a sus intereses y percepciones. Siendo así, la voluntad de cooperar con otros Estados resulta complicado, puesto que ningún país está dispuesto a ceder información que pueda serle útil para la salvaguarda de sus intereses nacionales. Con ello, no se quiere decir que la cooperación no pueda llevarse a cabo, sino todo lo contrario. La cuestión radica en conocer los mecanismos para efectuarla. Por tanto, para que la cooperación en materia de inteligencia resulte efectiva tienen que establecerse equilibrios de poder entre los Estados. Si las ganancias relativas conseguidas por cada Estado en el proceso de cooperación de inteligencia no producen a largo plazo una mejora evidente de la posición relativa de unos sobre otros, ni se plantea este tipo de percepción, entonces sí se puede producir una cooperación efectiva. De esta forma, la consecución de acuerdos entre las distintas voluntades resultará más eficaz, no viéndose perjudicados los intereses particulares.

Por tanto, aunque la cooperación multilateral requiera, ciertamente, de unas directrices claras para su consecución, no es imposible. Lo importante es el establecimiento de unos objetivos claros y unas medidas de creación de confianza entre los Estados.

Consideraciones y ejemplos importantes de modelos de cooperación

- Grupo TREVI no fue el único marco de cooperación a nivel europeo. Desde 1971 también nos podemos encontrar con el Club de Berna que operaba de manera informal, con reuniones que tenían lugar en diferentes localidades e implicando a diferentes organizaciones que albergaban las reuniones de forma alternativa. En 1977 se establece el Grupo Kilowatt, que comprendía a los miembros de la Comunidad Europea, Canadá, Noruega, Suecia, Suiza, Estados Unidos e Israel. A través de sus reuniones regulares proporcionó a las fuerzas policiales europeas el marco necesario para poder comunicarse e intercambiar información sobre crímenes transfronterizos, así como compartir mejores prácticas para afrontarlas.

- Grupo Killowatt: En este grupo, el intercambio de información no se basaba en la reciprocidad, puesto que cada servicio de inteligencia nacional ponía a disposición de los demás países toda la información sobre terrorismo con la que contaba. Esto favoreció enormemente a los países más pequeños que recibieron mucha más información e inteligencia y de más calidad que la que podían poner a disposición de los demás. Este debate sobre qué nivel de intercambio debe existir se reproduce con enorme intensidad tras el 11-S. Otros grupos que representan importantes precedentes de la cooperación que vivimos en la actualidad fueron el Grupo de Trabajo Policial en Materia de Terrorismo (GTPMT), el grupo de Salzburgo y el grupo del mar del Báltico que muestra la geometría variable de esta cooperación.

- La creación de una política europea de inteligencia se está fraguando poco a poco. Pero no como una política omnicompresiva para todas las áreas de trabajo de la Unión Europea, sino para algunas muy determinadas. Si bien comenzó como soporte técnico para la PESC, la amenaza terrorista ha provocado que ésta se fundamente más sólidamente en el área de justicia e interior. Así, Europol y Eurojust se busca comenzar a caminar en la amenaza criminal, quedando la inteligencia de tipo estratégico reservada a los ámbitos de la PESC y de la gestión de crisis. El papel que le queda a la Unión es el de coordinación.

- Lograr esta política requiere de un fluido intercambio de información. La desconfianza internacional puede ser comprendida pero no la interna entre agencias nacionales. Los suecos propusieron que el acceso fuera en condiciones no más estrictas que para las agencias nacionales, algo que no sería posible si no hubiera igualdad de formatos y de traducciones. No obstante, hay que avanzar en esta idea del intercambio multilateral y el principio de acceso equivalente.

- La creación de una Agencia Europea de Inteligencia que venía siendo reclamada desde hace más de una década ha sido descartada. Reactivada la petición con los atentados de Madrid, el posicionamiento de los diferentes actores ha sido muy claro. Los grandes países de la Unión confían en sus capacidades, por lo que no pretenden crear una gran agencia que en esencia duplicaría sus capacidades nacionales y que serviría para dar apoyo a los países pequeños. Éstos, por su parte, reclaman este tipo de agencia, al ser muy conscientes de su incapacidad para garantizarse su seguridad en un escenario tan complejo. Finalmente, las instituciones comunitarias han optado por seguir profundizando en la cooperación y en los instrumentos existentes, que en crear nuevos órganos y capas en la estructura de la Unión.

Conclusión

Como hemos visto, hay en la historia reciente elementos que nos permiten pensar que la cooperación en materia de inteligencia es viable y que además existen campos a nivel intraestatal y/o nivel interestatal en la materia que se han enfocado al intercambio de información antiterrorista en los años 70, y financiera y contra la corrupción en los últimos años, que a nombre de la seguridad colectiva flexibilizan la noción de "seguridad nacional" o "riesgo del interés nacional de los Estados" (cooperantes). Esto ha obligado a los gobiernos a generar cooperación o intercambio de información con un mayor grado de confianza y reciprocidad, como parte integral de una estrategia común ante problemas compartidos; es decir, en algunos asuntos se necesita un marco de referencia para eliminar los riesgos y la vulnerabilidad del Estado-Nación; sin embargo, en otros, la secrecía seguirá siendo parte fundamental en toda estrategia de inteligencia.

Bibliografía

Díaz, Antonio (junio 2012), *Evolución de la cooperación europea en inteligencia,* Universidad de Cádiz, España, http://www.scielo.br/scielo.php?pid=S0104-87752012000100008&script=sci_arttext

Estévez, Eduardo (julio 1999), *Modelos de inteligencia, estructuras y su aplicación en policías en proceso de reforma,* Inteligencia policial de Guatemala, 37-92 pp. http://www.academia.edu/2368335/Modelos_de_Inteligencia_Estructuras_y_su_Aplicacion_en_Policias_en_Proceso_de_Reforma

Tello Peón, Jorge Enrique (Coordinador) (2012), *Inteligencia Estratégica en el Contexto Mexicano,* Editorial Plaza y Valdés, México, 120 pp.

Pulido, Julia (enero 2005), "La cooperación internacional entre servicios", *Arbor* CLXXX. 269-288 pp. arbor.revistas.csic.es/index.php/arbor/article/download/507/508

Rivera, Fredy (mayo 2011), *Inteligencia estratégica y prospectiva,* Secretaría Nacional de Inteligencia del Ecuador. http://www.flacsoandes.org/relasedor/images/publicaciones/pdf/inteligencia_estrategica_prospectiva.pdf

CAPÍTULO 3
Estrategias de mercadotecnia

Ignacio González Sánchez
Profesor-Consultor en el ITESM-CSF y Consejero del ITESM para CENEVAL-EGEL-Administración.

L a mercadotecnia como estrategia para Phillip Kotler, es un *"proceso social y administrativo mediante el cual grupos e individuos obtienen lo que necesitan y desean a través de generar, ofrecer e intercambiar productos de valor con sus semejantes, consiste en armonizar todos los esfuerzos de los distintos departamentos de una empresa hacia el logro de la satisfacción de los consumidores".*[1] En este sentido, es recomendable diseñar e implementar la planeación estratégica de la mercadotecnia y analizar cuáles son las decisiones más rentables para el logro de los objetivos del plan estratégico.

Las estrategias de mercadotecnia coordinan la búsqueda y detección de necesidades del mercado para producir y ofrecer bienes y/o servicios que sirvan de satisfactores a los clientes y por acercar los productos o servicios a las manos del último consumidor. Al analizar la evolución de los mercados se observa que el consumidor hace más selectivo su consumo, presionando a los productores que han enfrentado un mercado masivo de consumidores exigente e informado, mercado en el que la competencia se incrementa para competir por el mercado real, latente y potencial.

El desarrollo de nuevos productos y las innovaciones de los ya existentes, se reflejan en la presentación con nuevos envases, nuevos empaques y embalajes seguros, de llamativos diseños, que se convierten en espacios nuevos para la publicidad y que generan el impacto deseado en la mente del consumidor.

Al incrementar las ventas se incrementó la producción, lo que incide en la disminución de los costos, además de poner énfasis en la

---

[1] Kotler, Philip, *Mercadotecnia*, Prentice Hall, 2000.

calidad los consumidores que ampliaron su gama de posibilidades para decidir la compra.

La importancia de estudiar e implementar en las empresas la Planeación Estratégica de la Mercadotecnia para tomar decisiones es recomendable para que se realice un análisis de manera integral, considerando también a la logística.

Al descubrir e inventar nuevos canales de distribución para cumplir con el objetivo de acercar la mercancía al consumidor, se sumó a la mercadotecnia estratégica el análisis de la cadena de suministro, que a nivel internacional se reconocen y se practican con la denominación de INCOTERMS (términos de comercio internacional), estos términos son determinantes en el análisis de precios y de segmentación de mercado por su grado de incidencia en el consumo del producto en una determinada región. Para el análisis de la selección del mercado se considera la ubicación estratégica de la empresa y de cada uno de los canales de distribución, que se convierte en uno de los retos a vencer cuando necesite introducir los productos en el mercado internacional, por lo que deberá planear la ubicación geográfica para calcular los costos en la cadena de suministro y analizar de manera estratégica la mejor opción para vigilar el incremento a los costos de distribución que dependen de la ubicación geográfica de un mercado "nuevo". Los INCOTERMS más reconocidos en el comercio internacional son:

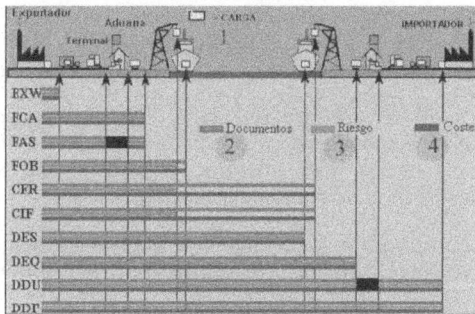

Para una estrategia de mercadotecnia en el mercado internacional es determinante garantizar los mejores términos de tiempo y lugar, parecería que esto no es una de las funciones de la mercadotecnia; sin embargo, la determinación del precio final, la selección o acuerdo del INCOTERM, sí es un valor agregado que ofrece servicio al cliente o las mejores condiciones de precio en el punto de venta.

La mercancía sujeta al comercio internacional empacada o en su embalaje viaja con la marca y/ o el logotipo por distintos transportes y en diferentes instalaciones de control, estas "estaciones" de transbordo y los diferentes tipos de transporte son una gran oportunidad para que la mercadotecnia internacional aproveche la exposición de la mercancía en todos los lugares e instalaciones que la logística decida de acuerdo con el INCOTERM que se seleccione. Los INCOTERMS y su aplicación se denominan de la siguiente manera:

- EXW: Ex Works (named place of delivery).
- FCA: Free Carrier (named place of delivery).
- CPT: Carriage Paid To (named place of destination).
- CIP: Carriage and Insurance Paid to (named place of destination).
- DAT: Delivered At Terminal (named terminal at port or place of destination).
- DAP: Delivered At Place (named place of destination).
- DDP: Delivered Duty Paid (named place of destination).
- FAS: Free Alongside Ship (named port of shipment).
- FOB: Free on Board (named port of shipment).
- CFR: Cost and Freight (named port of destination).
- DAF: Delivered at Frontier (named place of delivery).
- DES: Delivered Ex Ship.
- DEQ: Delivered Ex Quay (named port of delivery).
- DDU: Delivered Duty Unpaid (named place of destination).

La mercadotecnia se ha convertido en una necesidad para comprender y asimilar los acelerados cambios en el comportamiento de los consumidores, derivado de la globalización cultural que promueve productos de empresas multinacionales.

Como, por ejemplo, los consumidores del mercado de los refrescos y alimentos de franquicias como las hamburguesas, inimaginables en China en la década de los años 80. En este sentido, la evolución de los mercados ha presionado para que las empresas diseñen sus propias estrategias de mercadotecnia cada vez más sofisticadas que respondan a nuevos retos. El diseño de escenarios y la predicción del futuro son motivo de reflexión en el sector empresarial, en el que la mercadotecnia se convierte en la estrategia al "tropicalizar" los productos para el éxito financiero de una empresa.

Por esta razón es pertinente diseñar un plan estratégico que permita simular varios escenarios[2], con estrategias que permitan manipular *a priori* el comportamiento de las variables que se desean analizar; escenarios que al observarlos facilitan visualizar las posibles tendencias de uno o varios sucesos, y que al tomar la decisión en tiempo real el acierto disminuye el nivel de incertidumbre. El comportamiento del consumidor se puede predecir, o manipular, en la expresión muy agresiva de la mercadotecnia: *"si no existe la necesidad: créasela"*.

Si se logra entender el comportamiento del consumidor, se podrán simular escenarios de acuerdo con la época y condiciones de cada sociedad, de cada organización, por eso es pertinente observar que la velocidad de los cambios tecnológicos en las organizaciones reclama nuevas maneras de administrar la mercadotecnia y simular el comportamiento de los consumidores. Hoy en día las estrategias que emanan de las redes sociales se vuelven imprescindibles para diseñar mecanismos de influencia en los consumidores.

Con estos comentarios se puede asumir que la Mercadotecnia Estratégica permite contar con un apoyo confiable para la toma de

---

[2] Buffa, Elwood, *Dirección de operaciones*, LIMUSA, 1977, México.

decisiones, la información de las redes sociales es una plataforma para observar como si fuera una "bola de cristal" y monitorear el comportamiento de los consumidores para introducir productos o servicios en un mercado meta de manera oportuna. Las estrategias de mercadotecnia permiten ser predictivos en las decisiones y ser más eficaz en el análisis de las tendencias de consumo, este análisis se puede simular y puede predecir en qué medida se garantizan o no los objetivos. El diseño de escenarios también permite la solución de problemas o restricciones a partir de la revisión y conciencia de los eventos pasados, pero con la acción en el presente se genera certidumbre y esperar mejores resultados.

En la actividad predictiva derivada de una investigación a través de la mercadotecnia se genera competitividad, la dualidad de tomar decisiones y diseñar pronósticos genera ventajas en una empresa a partir de decisiones estratégicas que se reflejan en los objetivos de la empresa y hoy en día la investigación de mercado pasa a ser una estrategia corporativa para la rentabilidad. En suma, los beneficios de las estrategias son intangibles, y al definir a la estrategia como un curso general de acción[3], se asume que una buena ejecución da como resultado un buen resultado.

Para la mercadotecnia es de vital importancia conocer el ciclo de vida del producto, de la empresa y del consumidor. El ciclo de vida determina si el producto ya está en decadencia o no en un mercado, el mismo producto podría estar en la fase de introducción en otro mercado, en su fase de madurez en otro, pero el mismo producto se podría comercializar en otro mercado que está apenas en el ascenso. Las inversiones de una empresa podrían maximizar sus costos, su experiencia y sus instalaciones al introducir sus productos en mercados diferentes a partir del ciclo de vida de los consumidores que perciben como innovador un producto que ya es obsoleto en otro mercado.

---

[3] Hill, Charles, *Administración estratégica*, McGraw Hill, 1997, México.

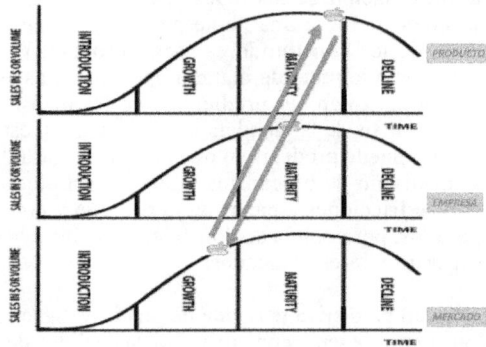

El ciclo de vida del producto ya no se limita al análisis del impacto en el consumidor de un mercado, ahora el mismo producto puede ser innovador en otro mercado, en otra parte del mundo. Esta estrategia ayuda a mantener en evolución la competitividad del producto o servicio para la acción y reacción ante los cambios del entorno. Cambios que son cada vez más acelerados porque "el cambio es más veloz que la capacidad de respuesta" y las empresas que no generan la capacidad de respuesta reducen su ciclo de vida.

En este sentido, la permanencia de las empresas en el mercado y la estabilidad de los empleos que generan, dependen de la capacidad de predecir y anticiparse a las necesidades de los clientes. Por lo que al reconocer la relación de la etapa del ciclo de vida del producto y el ciclo de vida de la empresa y del consumidor, es posible mantener utilidades hasta las últimas etapas de la declinación del producto. Es de suma importancia analizar la interacción del ciclo de vida de los productos, de los mercados y de las empresas para evitar inconsistencias que propicien la pérdida de mercado, como le paso a la empresa Kodak, que no entendió la evolución del ciclo de vida del mercado y el rezago del ciclo de vida de sus productos.

La revista de negocios *Expansión* publica que las 6 lecciones de la quiebra de Kodak fueron:[4]

---

[4] Revista *Expansión*, abril, 2012.

1. Kodak no supo adaptar su modelo de negocio a las familias.
2. El monopolio que ejercía Kodak en el sector hizo que sus gerentes creyeran que estaban a salvo de los cambios.
3. Kodak tuvo que repensar su tecnología y su sistema comercial.
4. Ubicar estratégicamente la sede.
5. Violar y/o apostar a las patentes.
6. Kodak incursionó en las cámaras digitales cuando ya empezaban a declinar por culpa de los teléfonos inteligentes.

Al perder el "enfoque" perdió el modelo de negocio, aun cuando "renace" como empresa basada en tecnologías para impresión, la experiencia hace reflexionar sobre la historia o analogía del "Síndrome de la rana hervida":[5]

Esta fábula está basada en una ley física real:

Si la velocidad de calentamiento de la temperatura del agua es menor de 0.02°/minuto la rana se queda quieta y se muere al final de la cocción. Mientras que a mayor velocidad la rana salta y escapa. Lo que viene a concluir que si echamos una rana en una olla con agua fría y lentamente vamos calentando el agua puede llegar a hervir y morir sin darse apenas cuenta de ello. En cambio si echamos la rana al agua ya caliente, ésta pegará un salto evitando el peligro. Esta fábula está pensada para llevarla a nuestras vidas, para que reflexionemos sobre el modo de vida que llevamos, y sus posibles consecuencias. Cuando un cambio se introduce de forma lenta en nuestras vidas, escapa de nuestra conciencia, sin que nos preparemos para dar una respuesta o una reacción a una situación que se va volviendo peligrosa, incómoda e insostenible. Nos quedamos sin los recursos necesarios para poder afrontarla una vez que tomamos conciencia. Las consecuencias desagradables aparecen y ya estamos débiles para poder hacerles frente por sí solos. Esta es la situación de la fábula llevada a nuestras vidas. Es por ello por lo que resulta preciso estar atento. Estar atento significa reflexionar sobre lo que sucede a nuestro alrededor, por muy bien que nos parezca estar, hay que estar dispuesto a aprender con humildad, apreciar aquello que tenemos, valorándolo y queriéndolo, ya que todo cambia, y en cualquier momento ya no está para que lo disfrutemos.

[5] Aragón, Rafael, *El poder de la mente,* diciembre, 2103, Olivier Clerc, escritor y filósofo francés, escribió con un lenguaje sencillo y comprensible la fábula de "La rana que no sabía que estaba hervida" en la que muestra enseñanzas muy valiosas que pueden ser utilizadas en diversos contextos.

Las empresas que no son capaces de observar los cambios del entorno, se tornan obsoletas; el análisis del ciclo de vida de la empresa incide en la capacidad de analizar los cambios en los hábitos del consumidor, así es que además de ser una historia de la empresa Kodak, la fábula de la rana hervida ilustra la importancia de monitorear el comportamiento del consumidor que sólo es estratégico si los integrantes de la empresas desarrollan la capacidad de observar en una evolución permanente que determina el ciclo de vida de la empresa.

Cabe mencionar que al análisis del mercado *real* depende también del contexto de un mercado y que el ciclo de vida ayuda a para determinar si en una misma región existe el mercado *potencial* para un producto, o si el mismo producto que ya está en la última fase de su ciclo de vida puede ser "nuevo" en otra región, o si es innovador en el mismo mercado pero en otro segmento, en la misma población.

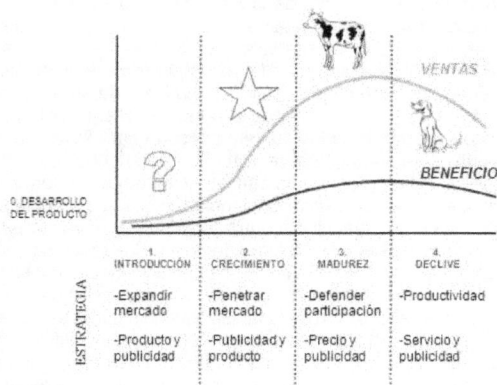

Por ejemplo:

Las rasuradoras desechables que como producto inició para el uso personalizado de los consumidores con una navaja atornillada por dos placas y la posibilidad de cambiar la navaja cuando perdía su filo. En ese mismo mercado se introdujo la rasuradora de plástico desechable, que al segmentar ese mismo mercado surgieron versiones en colores para dama, para viaje, con mango ergonómico, con diferentes tecnologías en la navaja, ¡para el mismo mercado!, pero con la diferenciación del producto para cada segmento. Lo que se puede observar como el ciclo de vida del producto en un mismo mercado, con la estrategia de diferenciación.

Las empresas que hacen análisis del ciclo de vida mejoran la capacidad de respuesta, lo que les permite responder al cambio de las expectativas de los clientes con la misma velocidad que lo hace su mercado, sus clientes serán leales si el producto se mantiene a la vanguardia o los productos de la competencia lo desplazarán, por eso es recomendable monitorear las necesidades de los clientes y adaptar el servicio o producto considerando las necesidades presentes y futuras del mercado que aprecia a la innovación, y la respuesta está en la capacidad de respuesta que depende del ciclo de vida de la empresa, ya que si la empresa se estanca en sus procesos, la mercadotecnia se rezaga y los productos pasan a la última fase para desaparecer, como sucedió con los negocios de renta de películas.

Si la empresa es capaz de cambiar junto con su mercado y mantiene su capacidad de respuesta ante los cambios del mercado, entonces ya estará preparando el terreno para influir en su mercado. La innovación del producto o servicio se anticipará a las expectativas del mercado, los clientes leales reales y los clientes del mercado potencial se sumarán al consumo del producto o servicio; así que un color, un nuevo tamaño, un empaque diferente o un servicio inherente serán motivos para llegar a la mente del consumidor de acuerdo con sus características socioeconómicas, edad, y/o uso que le da al producto, lo que será determinante para el crecimiento en ventas y en participación del mercado, en suma: más clientes y más mercados.

La estrategia de diversificar los productos también surge del análisis del ciclo de vida de los productos y del ciclo de vida del mercado, el caso de las rasuradoras ejemplifica la estrategia de variedad de los productos que sirven para lo mismo pero que encontró una ampliación en el ciclo de vida en la diversidad, otro ejemplo se ilustra con un producto de uso global: el zapato tenis.

Este producto se orientaba a un mercado popular, su precio y mercado eran considerados para un consumidor de bajos recursos, pero al diversificar sus colores, diseños y características se segmentó el mercado no sólo por precio, sino por el uso o tipo de usuario; así que las empresas innovaron en la producción, en los materiales y en el diseño, y la mercadotecnia se orientó al tipo de consumidor idóneo: los tenis para corredores, para los ciclistas, para los montañistas, los tenis de uso para vestir, para caminata, para atletismo: tenis con diferentes colores y diferentes materiales, etcétera, los consumidores aprecian la innovación y las empresas orientaron sus esfuerzos para cumplir sus expectativas o necesidades; las estrategias de mercadotecnia hicieron su trabajo: analizar y satisfacer al cliente.

El mercado no se conforma con un solo servicio o producto, los clientes están dispuestos a pagar por el valor agregado que se ofrece en la innovación, el mejor ejemplo de diversificación de productos y clientes se observa en las empresas que producen y comercializan los teléfonos celulares; dispositivos con un sinfín de aplicaciones y servicios inherentes.

> La diversificación múltiple para la mercadotecnia: sustentada en el diseño del producto, en las características técnicas, en el color, en el tamaño, en el tipo de servicio, en los límites de las aplicaciones, en el plan de financiamiento, etcétera: *el caso de los teléfonos celulares es un excelente ejemplo para analizar las estrategias de diversificación del mercado (producto y consumidor) para la mercadotecnia.*

La *marca* es uno de los conceptos intangibles para la mercadotecnia, una estrategia en la que la marca se vuelve el tema central es un rico manjar para los mercadólogos, la marca da lugar a la generación de una gran cantidad de ideas para cumplir con los objetivos de la mercadotecnia. En este sentido, la *marca* es indispensable analizar el tipo de letra, el mensaje de la imagen, el diseño, el mensaje, el texto o palabras para la recordación del producto y la relación inmediata con el uso o características del mismo.

La *marca* es un factor estratégico, es un intangible valioso y es un activo que se registra en el balance financiero de la empresa, no sólo es un tema de estratégica, es un tema de valor financiero y contable para la empresa, existen casos en que la marca se puede comercializar, sin considerar la infraestructura física de la misma.

Para esta estrategia debe considerarse que se requiere del registro oportuno ante el Instituto Mexicano de Protección Industrial (IMPI), es un trámite sencillo para proteger las ideas en las oficinas de Derechos de Autor, es una buena costumbre y garantiza que se respete en cualquier parte del mundo la marca de un producto o servicio. La estrategia de mercadotecnia que surge de la "marca" permite resaltar las innovaciones en su servicio o producto para que se logre "la recordación" del producto con sólo ver la marca. La marca permite contar con un activo que se puede comercializar en el futuro, cuando se crea oportuno, también podrá vender franquicias con la marca, vender licencias o hacer alianzas, fusiones o alguna otra figura que le dará beneficios financieros, más allá de la venta de un producto o de realizar un servicio. Un ejemplo de recordación que cumple con varios objetivos de la mercadotecnia es un producto médico que se utilizaba para ciertos dolores leves (principalmente el dolor de cabeza) y que sólo con mencionar el producto se relacionaba con los beneficios: El producto era (es) una pastilla que se denomina "MEJORAL" y su mensaje era corto, que cumple con la idea de que *"si es breve y bueno es dos veces bueno"*. El mensaje y la marca eran de fácil recordación:

MEJOR – MEJORA – MEJORAL

La *promoción* como estrategia es para resaltar los beneficios del producto o servicio a través de los medios efectivos, como por ejemplo aparecer en revistas de negocios, hacer uso de los pizarrones de las cámaras, diseñar una página web en Internet, el envío a clientes de artículos promocionales e institucionales, la participación en eventos académicos y empresariales, la participación en ferias de negocios, la organización de eventos con sus proveedores o con sus clientes. Este reto demanda tiempo y creatividad, pero es importante estar en los medios masivos de comunicación y en las redes sociales. La promoción es un factor determinante para los negocios de todo tipo, no es una inversión alta y puede ser atendido con el mismo personal de la empresa.

Si bien es cierto que para Kotler las estrategias más relevantes son la penetración de mercado, el desarrollo de nuevos productos, el desarrollo de nuevos mercados y la diversificación de productos[6], es recomendable incorporar las estrategias para el análisis del ciclo de vida para mantener el enfoque de la rentabilidad, la estrategia de la marca que se refleja en el valor contable de la empresa, en la diferenciación de productos y mercados y en los nuevos procesos para mantener en línea de crecimiento el ciclo de vida del mercado, de la empresa y de los productos. La mercadotecnia estratégica se puede observar a través de los siguientes aspectos:

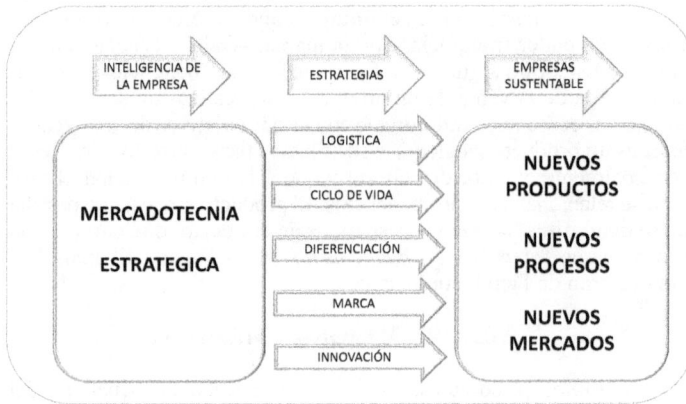

Fuente: Elaboración propia (resumen).

---

[6] Kotler, Philip, *Mercadotecnia*, Prentice Hall, 2000.

La innovación es un factor estratégico para la mercadotecnia, las empresas que no incorporan esta capacidad no podrán ser sustentables en el tiempo y los productos desaparecerán fácilmente al ser sustituidos por otros de la competencia.

La innovación genera competitividad y desarrolla ventajas competitivas. Esas innovaciones se observan en los nuevos productos, en los nuevos procesos o en servicios diferenciados y aceptados en el mercado.

La innovación –que surge de la interacción de conocimientos, instrumentos y procedimientos–, genera flexibilidad y productividad de manera sustentable. En este sentido, las empresas innovadoras son aquellas cuya competitividad se basa en mantener altas tasas de innovación, es urgente promover los procesos de innovación para que los conocimientos y las experiencias se aprovechen en un plan estratégico de largo plazo, incrementando el ciclo de vida que fomenta la competitividad. Ilustrar la relación de aspectos que inciden en la innovación es complejo; sin embargo, a pesar de que es intangible se puede observar de la siguiente manera:

$$I = VR + IC + D + M$$

Donde:

I	Innovación
VR	Velocidad de respuesta
IC	Inteligencia comercial
D	Diferenciación
M	Marca

La relación de estas estrategias permitirá mantener a la empresa en sustentabilidad financiera con nuevos procesos, nuevos mercados y nuevos productos.

Bibliografía

Kotler, Philip, *Mercadotecnia*, Prentice Hall, 2000.

Buffa, Elwood, *Dirección de operaciones,* Limusa, 1977, México.

Hill, Charles, *Administración estratégica,* McGraw Hill, 1997, México.

Revista *Expansión,* abril, 2012.

Aragón, Rafael, *El poder de la mente,* diciembre, 2103.

MERCADOTECNIA GLOBAL
EN UN MUNDO SIN FRONTERAS

La mercadotecnia es una actividad que se ha convertido en un factor estraté-gico para los negocios, se asume como un "factor estratégico" porque integra el conjunto de acciones que garantizan que el producto o servicio que una empresa ofrece al mercado sea de las preferencias de los consumidores, lo que genera competitividad.

Esta obra ofrece tres caminos para encontrar puntos de coincidencia en un ambiente académico que se crea y se recrea en las instituciones educativas y que es de utilidad para los profesionales de la mercadotecnia, para estudiar y aplicar conceptos y estrategias en el mercado local e internacional.

En el capítulo 1 el **doctor Juan Manuel Rodríguez Caamaño** describe con detalle los conceptos más importantes que se utilizan en la actividad de los profesionales dedicados a la mercadotecnia, lo que permite al lector com-prender el papel de la mercadotecnia con un enfoque diferente, con lenguaje claro y sencillo, ya que ofrece al lector la comprensión de términos, conceptos y enfoques en un plano realista, pero no por eso deja de ser profundo.

En el capítulo 2 el **doctor Adolfo Alberto Laborde Carranco** "tiene como objetivo describir los modelos de cooperación internacional que se han dado en el marco de la inteligencia, sin que éstos pongan en riesgo o vulnerabilidad a las partes (Estados) cooperantes".

En el capítulo 3 el **doctor Ignacio González Sánchez** comenta la impor-tancia de elevar a nivel estratégico la actividad de los mercadólogos, cita las estrategias que considera más relevantes y menciona ejemplos que son de utilidad para quienes abordamos el tema de la mercadotecnia en las institu-ciones educativas. También señala la importancia de la logística internacio-nal que poco se hace cargo de asuntos mercadológicos y propone de manera general el análisis del ciclo de vida en tres dimensiones: producto, empresa y mercado, haciendo énfasis que la innovación depende de la etapa del ciclo de vida de estas tres dimensiones.

9 786079 607395

 大 E-dae